싸이코
패밀리라도
괜찮아

일러두기

- 이 인터뷰집은 2년 가까이 이어 온 만남과 대화의 결과물이다. 인터뷰는 2021년 10월 27일을 시작으로, 같은 해 10월 27일, 11월 3일, 11월 24일, 12월 1일 및 2022년 2월 4일까지 연속으로 이루어졌다. 그로부터 1년 6개월이 지난 2023년 8월 10일에 최종 인터뷰가 있었고, 그밖에 두 차례의 비공식적인 만남과 대화가 있었다.
- 표준국어대사전에서는 '사이코'(psycho)를 정신장애인을 낮추어 부르는 말로 풀어 놓았다. 이 책에서는 저자가 가족 안에서 오랫동안 써 왔고 나름의 의도를 담아 쓰는 표현인 '싸이코'로 표기했다.

싸이코 패밀리라도 괜찮아

어느 조울증 가족이
정신질환과 동행하는 법

✳

고직한·김정희
이범진 정리

ⓘ잉클링즈

차례

낙인과 혐오에 맞서는
역설적 선언

1

지난 2020년 6월에 방영해 화제를 모은 〈사이코지만 괜찮아〉라
는 드라마가 있습니다. 주인공이 정신병동 보호사로 나오는 이 드라
마에는 우울증, 외상후 스트레스장애(PTSD), 인격장애 등 다양한 정
신질환을 겪는 이들이 등장합니다. 이 드라마가 나오기 40여 년 전인
1978년부터 우리 부부는 후배들에게 "우린 싸이코 커플이야"라며 스
스럼없이 말하곤 했습니다.

저(고직한)는 이미 고등학생 시절에 노이로제와 불면증으로 3년
간 정신병원을 오가곤 했지요. 아내(김정희)는 대학교 2학년 때 1년간
휴학을 했는데, 다름 아닌 우울증으로 인해 학교생활이 어려웠기 때
문입니다. 우리는 그 무렵 만나서 교제를 시작했는데, 그때 아내는 과

도하게 팽창된 자존감이 특징인 조증(mania)보다는 정도가 약한 경조증(hypomania) 상태였습니다.

우리 두 사람은 서로의 상태를 있는 그대로 나누었고, "우린 그냥 영락없이 싸이코 커플이네" 하고 한바탕 웃으며 마음을 주고 받았습니다. 그러다 제가 IVF(한국기독학생회) 사역자가 되면서 본격적으로 대학생들과 청년들의 전도자로 살 결심을 하게 되었지요. 그때부터 만나는 청년 대학생들에게 "우린 싸이코 커플이야!"라는 말을 어렵잖게 털어놓았고, 그러자 그들은 쉽사리 빗장을 풀고 무장을 해제하듯 마음을 열었습니다. 이런 경험을 이어가면서 우리 부부는 '싸이코'라는 말에 친숙해졌고 그만큼 무디어졌습니다.

그러던 중 1995년 중학교 2학년이던 큰아이에게 조울증이 발병했습니다. 우울증과 조증이 롤러코스터처럼 반복되었는데, 가족에게는 거의 지옥처럼 느껴진 시간이었습니다. 우울증일 때는 수영할 줄 모르는 사람이 바다에 빠져 아무리 허우적대도 불가항력으로 물속에 잠길 수 밖에 없는 상황과 같습니다. 조증일 때는 과도하게 자아가 확대되고 에너지를 주체할 수 없게 됩니다. 충만하다 못해 범람하는 그 비정상적인 에너지는 예측 불허의 방식으로 나타났습니다. 과천 정부청사에서 시위하는 사람들의 확성기 소리가 크다면서 그들과 맞서 싸우기도 하고, 시위대의 현수막을 발로 걷어차서 경찰서까지 가는 일도 있었습니다.

그로부터 7, 8년 후쯤 대학교 2학년이던 둘째에게도 조울증이

나타났습니다. 둘째 역시 조증일 때는 비정상적인 에너지가 넘쳐났
는데, 심야 클럽을 가야겠다고 졸라 댔습니다. 야심한 시각에 홍대 앞
클럽을 가겠다는 작은애를 차에 태워 한강 다리를 건너가는데, 그대
로 차를 몰아 강으로 뛰어들고 싶었습니다.

두 아들의 조울증 발병 이후 첫째는 정신병원을 네 번, 둘째는 열
세 번 입원했습니다. 두 아이가 입원한 기간 동안 우리는 모두 합쳐
지옥을 쉰 번 정도 다녀오는 경험을 했습니다. 입원할 때마다 입원 전
과 후, 그리고 입원 기간까지 기본 세 차례는 지옥을 경험했는데, 수
사적 표현이 아니라 우리에겐 말 그대로 그냥 '지옥'이었습니다.

그랬던 두 아들이 지금은 모두 가정을 이루었습니다. 자녀를 낳
아 키우고 있으며, 음악 활동도 하고, 유튜브 채널도 운영하고 있습니
다. 친자매 사이인 두 며느리는 정신과 간호사 수준의 지식과 임상 경
험을 갖추었다 해도 과언이 아닐 정도입니다.

2

큰아들 내외가 용기를 내어 정신질환을 주제로 이야기하는 유튜
브를 시작하면서 '상처 입은 치유자'로 살겠다고 얘기했을 때, 정말 마
음이 찡하고 고마웠습니다. 그 뒤로 여러 매체에서 인터뷰 요청이 들
어왔을 때, 가족이 함께 모여 대화하는 시간에 이렇게 얘기했습니다.

"유튜브를 하고 있다는 건 이미 우리의 아픔과 연약함을 커밍아
웃했다는 의미다. 그러니 몸 사리지 말고 이와 망가지는 김에 왕창 망

가져도 괜찮다고 본다. '고직한 선교사의 두 아들이 정신질환이 있다 더라. 조울증 환자란다' 하는 얘기가 나오더라도 다 받아들이자. 그래서 우리 가족부터 피뢰침을 높이 들어올리자."

'피뢰침'은 고린도후서 12장 9절 "'내 능력은 약한 데서 완전하게 된다.' 그러므로 그리스도의 능력이 내게 머무르게 하기 위하여 나는 더욱더 기쁜 마음으로 내 약점들을 자랑하려고 합니다"(새번역)라는 말씀에 바탕을 둔 그림 이미지입니다. 바울이 자신의 수치와 연약함을 드러내고 나눌 때 하나님의 은혜의 번개가 그 수치와 약함에 내리쳐서 그리스도의 능력이 온전히 드러났습니다. 이와 같이 우리도 바울처럼 연약함의 피뢰침을 높이 들어올려 하나님의 은혜가 번개처럼 임하게 하자는 얘기였습니다.

어느 누구도 암이나 고혈압, 당뇨 같은 질병을 두고 사회적으로 배제하는 낙인을 찍거나 혐오하는 반응을 나타내지는 않습니다. 저주를 받았다고 여기거나 그렇게 말하지도 않습니다. 그런데 유독 정신질환에 대해서는 사회적 낙인과 혐오 분위기가 폭넓고도 뿌리 깊은 것 같습니다. 다른 질병과 달리, 그만큼 정신질환에 대한 강력하고도 광범위한 무지와 편견이 우리의 이해력과 공감력을 집어 삼켜 버리기 때문일까요? 그렇다면 더욱 더 우리의 약점들을 자랑할 필요가 있겠습니다. 약함의 피뢰침을 더 높이 들어올려야 하는 것이지요.

정신질환 유병률이라는 게 있습니다. 성인의 경우, 정신질환에 걸릴 확률이 25~35퍼센트입니다. 성인 4명 중 1명은 예외없이 정신질환을 앓는다는 뜻입니다. 현실이 이런데도 사회는 여전히 정신질환으로 고통받는 사람들을 낙인 찍고 배제하는 분위기가 강합니다. 교회는 그들을 쉽사리 '귀신 들렸다'고 단정하거나 '하나님의 저주를 받았다'며 수군거리기까지 합니다. 귀신 들린 사례가 성경에도 기록되어 있고 실제로도 있다는 사실을 알지만, 이는 전문적으로 접근해야 하는 영역이지 결코 쉽사리 판단하고 단정할 문제가 아닙니다.

정신적·정서적 약자를 배제하고 멀리하면 그들은 자꾸만 숨어들 수밖에 없습니다. 그러므로 누구보다 먼저 교회가 나서서 정신적·정서적 약자들을 품어야 합니다. 이런 교회를 이름하여 저는 **정품**교회라 부르는데, 이런 연약한 자들을 품는 공동체가 곧 교회입니다. 데살로니가전서 5장 14절 "게으른 자들을 권계하며 마음이 약한 자들을 격려하고 힘이 없는 자들을 붙들어주며 모든 사람에게 오래 참으라"는 말씀은 바로 '교회는 곧 정품교회여야 한다'는 권면일 것입니다.

3

둘째마저 조울증이 발병했을 때, 우리 첫째가 "드디어 우리 가족이 싸이코 패밀리가 되었네요"라고 했습니다. 마침 성이 고씨이기도 해서 말놀이 삼아 'psycho'라는 단어를 살짝 바꾸어 'psyKoh family'라고 새로운 말을 지어 보았습니다. 그러니까 이 '싸이코(psyKoh) 패밀리'라는 말은 두 아들 모두 조울증이 발병한 이후부터 우리 가족이 스스로 받아들인 정체성을 담은 표현이자 고씨네 가족을 가리키는 고유명사인 셈입니다.

정신질환에 대한 사회적 낙인, 혐오와 배제의 시선은 우리 사회 뿐 아니라 한국 교회, 심지어 우리 자신 안에까지도 깊이 자리잡고 있습니다. 그렇기에 흔히 비하의 뉘앙스를 드러내는 '사이코'보다 더 강한 어감의 '싸이코'라는 표현을 사용하여 우리 스스로 '싸이코 패밀리'라고 이름 붙인 것은 역설적 선언이었습니다. 자기 비하가 아니라 사회적 낙인과 혐오의 분위기를 역설적으로 웃으며 날려 버리겠다는 우리 가족의 필살기적 독립 선언 말이지요.

낙인과 혐오를 말하자면, 오늘날 기독교의 상징으로 여기는 십자가를 빼놓을 수는 없을 것입니다. 역사적으로 십자가는 가장 혐오하는 극형의 상징물이었기 때문입니다. 그러나 하나님의 아들 예수 그리스도가 대속의 죽음으로 인류를 구원하려 십자가에서 달리신 이후, 역설적으로 십자가는 사랑받는 상징이 되었고 사람들은 그 십자가로 자신의 정체성을 드러내기 시작했습니다. 이와 같은 맥락에서 우리 부부는 '싸이코'라는 말에 우리의 영혼과 정체성을 담고자 합니다.

2023년 11월 초에 공개된 넷플릭스 드라마 〈정신병동에도 아침이 와요〉가 높은 화제성과 함께 인기를 끌었습니다. 구글 인공지능 '바드'(Bard)는 이 드라마가 2023년 11월 30일 기준으로 한국 드라마 1위, 전 세계 드라마 10위를 차지하고 있다면서, 인기 요인으로 "정신건강에 대한 사회적 관심 증가"라는 그럴싸한 분석까지 덧붙여 주었습니다. 코로나19 팬데믹으로 인해 정신질환을 앓는 사람들이 증가

한 시대적 상황과 맞물려 큰 호응을 얻고 있다는 얘기입니다.

우리 부부도 감동적인 스토리와 배우들의 열연, 그리고 매력적인 러브라인 전개 등 드라마의 흥미진진한 요소들을 접하며 단숨에 12편을 정주행으로 시청했으며, 시즌2가 나올 날을 기다리고 있습니다. 아울러 이 드라마를 소재로 삼아 유튜브 채널 〈조우네 마음약국〉에서 콘텐츠를 만들어 내보내기까지 했습니다.

이 드라마 마지막 장면에서 주인공인 정신병동 간호사 정다은의 대사가 정말 인상 깊게 다가왔습니다.

우리 모두는 정상과 비정상의 경계에 있는 경계인들이다.

정말 그렇지 않은가요? 이 말에 우리는 진심으로 동의하고 깊이 공감했습니다. 2천여 명의 조울증 환자와 그 가족을 일대일 상담하면서 우리 부부는 바로 그 점을 절실히 느꼈습니다. 그리고 우리가 싸이코 패밀리라는 사실을 커밍아웃하고 나누었을 때, 이른바 '정상 범주'에 속한 수많은 지인들이 마음을 열고 그들 자신이나 가족 중에 비정상 범주 혹은 경계선에 속한 이들이 있음을 은밀히 토로하였습니다.

이렇듯 정신질환으로 아픔을 겪는 이들을 수년째 만나 오면서, 정신병동이 우리 일상에서 멀리 떨어진 곳에 있지 않으며 온 세상이 거대한 정신병동이 되어 가고 있음을 느낍니다. 그러므로 미국의 방송인 오프라 윈프리가 "남보다 더 가졌다는 것은 축복이 아니라 사명이다. 남보다 더 아파하는 것이 있다면 그것은 고통이 아니라 사명이다"라고 한 말은 고스란히 우리 가족에게 해당할 듯합니다. 우리 싸이코 패밀리 또한 "남이 없는 것을 가졌고, 남보다 더 아픈 고통을 겪었으니, 이것이 곧 우리의 사명이다"라고 얘기합니다. 그래서 우리 역시 아픔을 겪는 수많은 이들을 위해 '세상이라는 정신병동에도 반드시 아침은 온다'라는 메시지를 담은 드라마를 만들고 싶습니다.

4

우리 집안에는 천사 같은 며느리가 둘이나 있습니다. 특히 두 조울증 아들에게는 아주 적격의 정신과 간호사 수준의 아내들이니 더 무슨 말을 덧붙일 필요가 있을까요. 게다가 겹사돈이 된 집안의 딸들(자매)이니 아무리 하나님의 은혜라 하더라도 일평생 경험할까 말까 한 '어메이징'한 은혜 아닐까 합니다.

이 책의 출간을 앞두고 며느리들과 이런저런 대화를 나눈 적이 있습니다. 큰며느리가 제목에 들어가는 '싸이코 패밀리'라는 단어가 비하의 의미로 다가와서 그다지 내키지 않는다는 의견을 가족 단톡방에 올렸습니다. 그랬기에 이 책 제목을 "싸이코 패밀리라도 괜찮아"로 최종 결정하는 과정에서 무엇보다 우리 천사 며느리들에게 미안한 마음이 앞섰고 그만큼 부담감이 있었습니다. 그 마음을 이 지면을 통해서라도 짧게나마 전하고 싶습니다.

사랑하는 딸, 현경아! 허물없이 네 의견을 얘기해 주니 정말 고맙다. 우리는 네가 꺼려한 '싸이코'라는 표현이, 네가 사랑하는 예수 그리스도의 십자가 상징처럼 다가가길 바라는 마음이야. 아울러 이 바람이 시부모의 위력이나 권위주의로 다가가지 않길 바란다. 우리는 너희 부부가 마음과 뜻을 같이하여 시작한 〈조우네 마음약국〉 채널이 우리의 노년을 '싸이코 패밀리들을 위한 사명자의 길'로 이끌어 주었음을 새삼 느끼며 감사하게 생각한다. 특히 네가 시작한 뒤 우리 부부에게 맡겨 준 〈조우네 마음약국〉 '상담 채널'과 '독서밴드'가 크고 작은 수많은 기적을 일으키고 있어서 얼마나 감사한지 모르겠구나. 고마운 마음과 함께 사랑을 전한다.

아울러 우리 부부는 두 천사 며느리가 이 책을 읽고 나서 공감과 동의를 담아 한마음 한뜻으로 응원하고 축복해 주길 기대합니다.
"싸이코 패밀리라도 괜찮아요!"
그뿐 아니라 우리 사랑스러운 천사들, 손녀 은비와 은별, 손자 은길이도 할아버지와 할머니에게 다가와 진심으로 자랑스럽게 말해 주길 기도합니다.
"싸이코 패밀리라도 괜찮아요!"

고직한 김정희

원컨대 나를 치료하시며
나를 살려주옵소서"
(사 38:16)

상처 입은
치유자들의 과거

1

인터뷰의 첫 질문을 고르는 일은 늘 어렵다. 첫 번째 질문과 답변을 통해,
인터뷰의 전체적인 흐름이 (심지어 분위기를 포함한 내용까지) 정해지기
때문이다. 수십 년 아픔을 겪어 온 이들에게 그 아픈 과거사를 다시
들춰내기를 요청하는 인터뷰는 몇 배의 긴장감을 안겨 준다.
다시 그 아픈 기억을 꺼내 달라는 질문을 어떻게 최대한 덜 미안하게,
덜 공격적으로 던질 수 있을까? 온 가족의 고통을 말로써 풀어내야 하는
부모의 마음에 다시 한번 생채기를 내는 것은 아닐까?
하지만 끝나지 않을 것 같았던 수십 년 어두운 시절을 견뎌 온 이들을 믿기로
한다. "지옥을 오십 번 다녀왔다"고 고백하는 이 '상처 입은 치유자'들의 힘을
믿기로 한다. 지금 비슷한 고통에 빠진 정신적·정서적 약자들에게 도움을
주고자, 기꺼이 지옥에서 보낸 고통스런 기억을 꺼내어 놓는 이들의 마음을
믿기로 한다.

예고 없이 덮친 쓰나미

어떻게 첫 질문을 드려야 할지 고민이 많았습니다. 이제야 겨우 정리되어 가는 아픔의 시간을 다시 꺼내는 게 쉬운 일이 아닌 줄 압니다. 자녀들의 질환과 관련해서는 고통의 시간이 대부분이었을 텐데요. 현재(2023년)까지 30년째 두 자녀의 아픔과 함께하고 계신데요. 증상이 시작된 순간을 우선 여쭤야 할 것 같습니다.

김정희: 병이 시작된 순간을 확실하게 알 수는 없을 것 같아요. 두 아이가 병의 양상이 서로 크게 달랐어요. 첫째는 서서히 증상이 심해졌던 것 같고, 둘째는 어느날 갑자기 쓰나미처럼 닥쳐왔다고 느껴졌어요. 물론 되짚어 보면 둘째에게도 전조 증상이 있었어요. 우리가 알아채지 못했을 뿐이죠. 저뿐 아니라, 제가 상담을 하면서 만난 대다

수의 사람이 전조 증상을 알지 못하거나 대수롭지 않게 여기고 있었어요. 요즘은 정신질환을 가진 자녀들의 엄마들과 상담을 하고 있는데 마찬가지의 공통점을 발견하고 있어요. 갑자기 조울증이 찾아온 저희 둘째의 경우를 두고 제가 '쓰나미'라는 표현을 썼는데요. 잘 돌이켜 보면 쓰나미 이전에 전조 증상이 많이 있었어요. 우리가 미처 몰랐을 뿐이죠. 달리 말하면, 우리가 모르고 지낸 그 긴 시간 동안 아이는 무척 어려운 시기를 보내고 있었던 거예요. 그러니까 병이 시작된 시점을 정확하게 짚어 내는 건 어려울 것 같아요.

고직한: 다른 질환들과 마찬가지로 정신질환에도 전구기(prodromal stage), 그러니까 어떤 질환이 분명하게 나타나기에 앞서 불특정한 증상과 조짐이 보이는 시기가 있어요. 그런데 당시에는 관련 자료나 정보도 거의 없고 우리도 아는 게 없다 보니 충분히 알아채기가 힘들었지요. 지금은 관련 서적도 읽고, 전문 지식이나 정보를 자주 접하다 보니 '아 그 시기가 전구기였겠구나' 하고 생각하는 거예요. 요즘은 호흡이나 목소리 변화 등으로 증상을 가늠할 수 있는 어플리케이션도 나올 정도니까 과거에 비하면 많이 좋아졌지요.

자녀들 중 누구의 발병을 먼저 알아채셨나요?

고: 큰아이가 중학교 2학년 때 먼저 발병을 했어요. 큰아이는 지

금에 와서 자기가 돌이켜 볼 때, 그 이전부터 '경조증'이 있었던 것 같다고 얘기해요. 큰아이가 유년 시절을 호주에서 3년간 보냈는데 그때의 기억은 참 좋았던 반면, 한국에 와서 시험 스트레스가 심했던 것 같아요. 한국에 온 뒤로 '호주 다시 가고 싶다'는 이야기를 자주 했거든요. 그러다가 저희 어머니가 큰아이를 보더니, 정신과에 데려가 보라고 하시는 거예요. 그때만 해도 우리 사회가 정신과에 진료받으러 간다고 하면 아주 이상하게 여기던 분위기였어요. 어머니는 가족 중에 조현병으로 고생한 분이 있어서 예민하게 큰애의 상태를 알아보시고서 정신과 진료를 권하셨던 거예요. 병원에서 검사를 해봤더니, 전형적인 조울증이라는 진단이 나왔어요.

당시 많이 놀라셨을 텐데 어떻게 대처하셨나요?

고: 일종의 도피성 유학을 보낼 수밖에 없었어요. 한국보다는 스트레스가 덜한 곳으로 보내야겠다는 생각밖에 없었죠. 그래서 아이에게 좋은 기억으로 남아 있는 호주로 다시 보내게 된 것인데, 지금 돌아보면 후회하는 선택이기도 해요. 엄마나 아빠 중 한 사람은 따라갔어야 하지 않았나 싶어요. 당시 저는 사랑의교회 청년대학부 디렉터 역할을 한창 열심히 하면서 꿈을 품고 있을 때라서, 아들과 같이 호주에 간다는 생각을 아예 못 했어요. 다시 그때로 돌아간다면, 모든 걸 내려놓고 함께 갈 거예요. 우리 나름으로는 아이를 그곳에 보내려

고 집도 팔고, 아이를 맡아 줄 동생 집에 비용을 많이 보냈어요. 그럼에도 결과론적으로는 아빠 엄마가 곁에 있어야 했다는 거예요. 정신질환에 대해 나름의 경험과 지식이 있는 어머니도 거기 계셨고, 우리도 비교적 자주 가보기는 했지만요. 아쉬워요, 많이.

김: 우리로서는 정말 신경을 꽤 썼어요. 국제전화는 요금이 비싸서 엄두도 못 낼 때였고, 인터넷폰이 막 나온 무렵이었어요. 인터넷폰이 통화료는 저렴했지만 통화 품질이 굉장히 열악했어요. 통화 중에 뚝뚝 끊기고, 대답이 한 박자 느리게 들려오고, 참 많이 불편했지요. 그럼에도 그마저도 감사했어요. 우리끼리 사인을 만들어서 소통했는데, 예를 들어, 아이들에게 모닝콜을 해줄 때 벨이 세 번 울리기 전에 받으면 깼다는 의미였죠. 그런데 성장기 아이들을 돌볼 때는 섬세함과 꼼꼼함이 정말 중요하잖아요. 자녀와 서로 마주하면서 수시로 안색을 살피는 일이 중요한데, 부모로서 그걸 못 했으니 회개해야죠. 나는 정말 힘들었어요. 고 선교사가 IVF 슬로건인 '지성 사회 복음화'만 외치면서 옆도 안 보고 오직 앞만 보고 달렸으니까요. 요즘에도 산책을 같이 하면 나하고는 속도가 안 맞아요.(웃음) 아름다운 풍경을 보면서 나란히 걸어야 하는데, 이 사람은 오로지 고지를 향해 계속 앞만 보고 나아가는 사람인 거예요.(웃음)

고: 나름으로는 스스로 노력한다고 여겼어요. 일주일에 하루는

'패밀리데이'를 가졌는데, 매주 수요일은 아무 데도 안 가고 가족들과 함께 시간을 보냈지요. 아이들하고 수영장에도 놀러 가고, 나름으로는 뭔가 한다고 생각하며 살았지만 부족함이 왜 없었겠어요.

자녀들의 아픔과 질환을 이해하려면, 두 분 이야기를 먼저 들어야 할 것 같습니다. 어떻게 만나서 결혼하시게 된 건지요?

김: 저는 서강대학교를 다녔고, 남편은 연세대학교를 다녔는데 당시 서강대, 연세대, 이화여대 등이 모이는 IVF 신촌 바이블스터디 그룹이 있었어요. 거기서 만났죠.

고: 결혼은 1980년 4월 12일에 했어요. 그때가 5·18 광주민주화운동이 일어나기 전 한창 분위기가 달아오를 때였어요. 4월에도 서울역 근처에서 대학생들이 어마어마하게 모여서 시위를 했었죠. IVF 동료들은 뭐라고 하지 않았는데, 친한 친구들 중에는 민주화운동이 한창인 이 중요한 시국에 너 혼자 좋자고 결혼하느냐며 저주 비슷한 말을 한 이들도 있었어요.

당시 대학생이었으면 그래도 엘리트라고 봐야 할 것 같은데요. 두 분 가정환경은 어떠셨는지 궁금합니다.

고: 아버지는 언론인이셨어요. 영자신문인 〈코리아 헤럴드〉 전신 〈코리안 리퍼블릭〉(*The Korean Republic*) 초대 편집국장을 역임한 이후 조선일보사에서 논설위원을 지내셨죠. 4·19 혁명 전후하여 상당히 글발을 날리던 논객이었는데, 4·19 혁명 이후에는 정치계에서 활동하시기도 했어요. 민주사회주의 노선에서 진보당 선전간사도 하시고 학생운동도 이끌고 그러셨죠. 우리나라에 청년구국당이라고 청년의 당을 처음 만들기도 하셨어요. 어쨌든 이른바 좌파, 진보 진영에서 활동하신 분인 거죠. 5·16 쿠데타 이후에는 10년 징역형을 받았는데, 실질적으로는 5년을 감옥에서 지내셨어요. 아버지가 군인들에게 개 끌려가듯 붙잡혀 가는 장면을 아직 기억해요. 그때 제가 초등학교 1학년이었을 거예요. 아버지와 달리 어머니는 조용한 삶을 살고자 하셨던, 그냥 전형적인 서울 사람이었어요. 그 시대에 서울대 음대에서 피아노를 전공하셨으니까 자기 꿈을 펼치고도 싶으셨을 텐데, 가정을 돌보려는 마음이 더 큰 분이셨어요.

아무래도 아버지에게서 어느 정도 영향을 받으셨겠네요.

고: 아버지는 특별사면을 받고 나오셔서 본격적으로 정치의 길로 나섰어요. 정당의 당수로도 활동하셨고, 나중에는 서울 강남구에서 국회의원으로 당선되기도 했죠. 5개 국어 이상을 할 줄 아셨기 때문에 국제관계를 잘 파악하셨고, 그래서 국제의원연맹(Inter-

Parliamentary Union) 활동도 활발하게 하셨지요. 아버지는 신앙인은 아니셨지만, 제가 IVF 활동을 한다고 했을 때 격려를 많이 해주셨어요. 청년 운동 맥락에서 의미 있는 일이라고 보신 거죠. 그 시대 한국 사회의 전형적인 아버지상과는 꽤 다른 분이었어요. 가족들이 정치적 입장이 제각각 달랐기 때문에, 식사 때만 되면 식탁에서 논쟁을 많이 주고받았어요. 그때의 일상적인 토론 경험이 기독학생운동을 하는 데 큰 도움이 되지 않았을까 해요.

선교단체 학생운동에 한창 매진하시던 1980년에 결혼하여, 1981년에 첫째를 낳으셨습니다. 첫아이를 낳은 이후에도 계속 대학생 사역에 집중하셨는지요?

고: 그때가 IVF에서는 한창 간사로서 물이 올라서, 학생들과도 말이 정말 잘 통하던 시기였어요. 활동 자체도 굉장히 활발하고 다이내믹했던 때고요. 그렇게 캠퍼스 간사 5년 차까지 하다가 IVF의 신학 연수 제도를 통해 호주로 떠나게 되었어요. 신학 연수를 갈 때가 첫째가 태어나서 두 돌 정도 되었을 시기예요. 둘째는 임신 4개월 차였는데 호주에서 1983년 5월에 태어났고요.

1980년대 초반에 어린 자녀가 있는 가족이 외국에 가서 공부를 하면서 산다는 게 쉬운 일은 아니었을 것 같아요. 어려움은 없었나요?

김: 우리는 호주에 가서 감사한 게 정말 많았어요. 그 당시는 한국과 호주의 생활 환경 차이가 아주아주 컸어요. 우리 눈에 호주는 정말 천국을 보는 듯했어요. 우리는 자녀가 있는 한 가족이 유학을 왔다는 이유로 여러 혜택을 입었어요. 다른 유학생들은 원룸에 사는데 우리는 영국의 저택 같은 단독주택에서 살았거든요. 저희를 오랫동안 도와주신 어머니 같은 분이 계신데, 그분의 도움으로 선교단체 선교사 신분으로 그 학교에 초청을 받을 수 있었지요. 그 당시 다니던 신학교에는 아기를 데리고 공부하는 경우가 우리밖에 없었어요. 일주일에 한 번 대형 마켓에서 물건들이 왔는데, 포장지가 약간 뜯어지거나 구겨져서 마켓에서는 팔 수 없다며 필요에 따라서 나눠 가질 수 있게 했죠. 그때 기저귀나 우유 같은 것들은 전부 우리 차지였어요. 그 덕분에 정말 부족함 없이 지낼 수 있었어요. 돌이켜 보면 정말 감사하고 천국 같은 유학 생활로 기억합니다.

첫째 아들의 발병 요인

자녀들도 호주에서 지내던 시절을 좋게 기억한다고 하셨는데요. 다시 한국으로 돌아와서 지내기가 그만큼 더 힘들었던 걸까요?

김: 한국에 돌아왔을 때 첫째가 여섯 살이었는데, 학교를 일곱

살에 들어가게 되었어요. 2월생이다 보니 입학통지서가 또래보다 일찍 나왔고, 우리는 별 생각없이 통지서에 맞추어 학교를 보낸 거죠. 돌아보면, 적응 시기가 좀 더 필요했던 것 같아요. 특히 언어 소통에 어려움이 있었는데, 우리가 대책 없이 긍정적이었던 것 같아요. 시간이 지나면 한국말도 잘하게 되겠지 했는데, 애들이 말 못한다고 놀리면서 말수가 점점 줄어들게 되었어요. 아이가 아주 사교적인 성격이었는데도요. 첫째가 중학교 2학년 2학기 때 발병을 했는데, 전구기는 중학교 1학년 때부터가 아니었나 싶어요. 정신질환이 발병할 수 있는 생물학적 취약성을 가진 아이들은 이사나 전학 등 환경 변화에 훨씬 민감하고 취약하다고 해요. 그런 환경 변화는 부모가 이혼할 때 자녀가 겪게 되는 스트레스와 맞먹는 수준이라고 하거든요. 새로운 환경이나 사람 등에 적응하는 일이 그만큼 어려운 거지요. 우리 아이에게도 그런 시간이 들이닥쳤던 거예요, 느닷없이.

그런 스트레스 상황들이 쌓이고 작용하여 전구기가 왔고, 결국 중학교 2학년 때 발병한 거군요. 그 시기에 한국과 호주라는 성장 환경의 간극에서 겪는 스트레스를 감당하기엔 버거웠을 것 같아요. 지금보다도 더 문화의 다양성이 닫혀 있던 때니까요.

　　김: 할아버지가 국회의원이다 보니 큰애는 두 돌 정도였을 때부터 이미 사람들의 주목을 받는 기회가 많았어요. 공항에서 좌우로 쭉

서 있는 사람들 사이로 할아버지가 안고 나오시곤 했죠. 그러면 이 아이가 사람들을 보면서 인사도 잘해서 관심을 아주 많이 받았고요. 호주에서 지낼 때도 선교사 자녀로 애정을 많이 받았어요. 그런데 한국에 돌아오니 아무도 자기를 알아주지 않는데다, 소외되고 놀림까지 당하니까 그 상황을 받아들이기가 많이 버거웠던 것 같아요. 호주에서는 또 동생이 태어나면서 소외감도 느꼈을 거고요. 다시 호주로 공부하러 갔을 때 같이 간 동생은 반장도 자주 했는데 자기는 하고 싶어도 친구들이 뽑아 주지를 않으니까 속상했다는 얘기를 최근에서야 하더라고요. 20년도 더 된 일을요.

고: 큰아이의 경우에는 전구기 전 단계, 그러니까 약 5~6년 동안 말을 제대로 못 하고 소외당했던 경험, 친교적이었던 아이가 친구들에게 환영받지 못한 상황이 굉장히 스트레스가 됐겠다 싶어요. 그런 상황에서 결정적으로 중학교 2학년 때, 친한 동네 친구가 교통사고로 목숨을 잃는 일이 있었어요. 그 사건 이후 자주 눈물을 보이곤 했는데, 그렇게 조울증이 발병한 거죠. 맨날 하굣길에 같이 오던 친구가 그렇게 되니까 충격이 정말 컸겠죠.

상상만으로도 힘겨운 일인데, 중1 때 그런 일을 겪었다면 더더욱 감당하기 어려운 현실이었겠다는 생각이 듭니다.

고: 발병 요인을 수십 년째 고민하면서 잠언 4장 23절 말씀, 즉 "모든 지킬 만한 것 중에 더욱 네 마음을 지키라. 생명의 근원이 이에서 남이니라"라는 구절이 두고두고 참 중요한 깨달음을 준다고 생각합니다. 마음에 스트레스가 가해지면, 그 어두움은 가장 취약한 부분으로 삐져나옵니다. 어떤 사람은 위궤양으로 나타날 수 있고, 어떤 사람은 두통이 오고요. 우리 아이들의 경우에는 뇌 질환으로 발전한 거죠. 뇌가 다소 취약하게 태어났는데, 이런저런 스트레스에 따라서 뇌 질환으로 나타났다고 봐야죠. 그래서 스트레스를 관리하는 것이 이 병을 관리하는 데도 제일 중요한 일이지요. 물론 스트레스 관리는 누구에게나 중요합니다. 스트레스가 없는 사람이 어디 있겠어요. 다만, 스트레스를 통제하는 통이 꽉 찼을 때 문제가 발생한다고 가정해 본다면, 원래부터 그 스트레스 통을 작게 가지고 태어난 사람에겐 더 큰 문제를 일으킬 수 있는 거죠.

가족 내 병력

첫째 자녀의 발병이 30년 가까이 되었는데요. 스트레스는 휴지통처럼 쉽게 비워 버릴 수 없으니 더 위험한 것 같습니다.

고: 큰아이의 발병이 지금 29년이 됐다고 그러거든요. 우리도

정말 무지한 가운데서 두 아들과 병치레 하는 것에만 집중했었는데, 5년 전부터 유튜브 채널 〈조우네 마음약국〉을 운영하면서 공부도 많이 하게 되고 주변도 둘러보며 상담을 하게 된 것 같아요.

우리도 청년기에 불면증, 노이로제, 조울증이라 할 만한 증상을 경험한 적이 있었어요. 저는 신경쇠약과 불면증이 3~4년 정도 계속 있었고, 아내는 대학교 2학년 때 전형적인 조울증 2형(우울증 증상 뒤 경조증 발현)을 겪었어요. 물론 이게 말하기 조심스러운 것은, 증상이 계속 반복이 되면서 이어져야 하는데 우리는 어떤 계기 이후로는 사라져 버렸거든요.

김: 채널 이름인 〈조우네 마음약국〉에서 '조우'는 우리 큰아이 유튜브 닉네임이에요. 조울증의 '조증'과 '우울증'에서 각각 첫 글자를 따온 거죠. 둘째 닉네임은 '그레이'고요. 우리는 조울증을 겪고 있는 사람들을 '조울러'라고 부르고 있어요. 그래서 〈조우네 마음약국〉을 보면 조울러라는 말이 자주 등장해요.

두 분이 청년기에 경험하신 정신질환 증상에 대해 구체적으로 말씀해 주실 수 있는지요.

김: 제 경우는, 엄마가 저를 낳으신 뒤 한두 달 만에 돌아가셨어요. 그래서 할아버지, 할머니, 아버지가 저를 집중적으로 돌보셨어요.

당시 우리 집이 지금의 종로6가에 있었어요. 할아버지가 워낙 부자셨고, 집이 100평이 넘었어요. 경제적으로 어렵지는 않았고, 사랑도 많이 받고 자랐는데 돌이켜 보면 엄마의 빈자리가 좀 컸던 것 같아요. '시장에서 엄마 사 오라'고 졸라 댔던 기억도 나요. 그래서 실제로 새엄마가 왔고, 그때 얼마나 기뻤던지 동네 애들 다 불러서 '우리 엄마 왔다'고 자랑했을 정도였어요. 그런데 새엄마는 무척 조용한 분이셨고, 저와 교감이 깊지는 못했어요. 저는 이렇게 말이 많은데, 새엄마는 말을 한마디도 하지 않고 저와 눈도 잘 맞추지 않았던 분이었으니까요. 그런데 어느 날 제가 했던 어떤 말 때문에 할아버지 할머니에게 새엄마가 혼나시는 걸 봤죠. 저한테 더 잘하라는 말씀이었는데, 그 모습을 보고 저도 어느 새부턴가 말이 없는 아이가 되기 시작했던 것 같아요. 내가 어떤 말을 하면 집 안에 긴장감이 흐르게 된다는 막연하고 두려운 느낌을 지니게 된 거죠. 나중에는 새엄마를 다 이해하게 됐는데, 그분의 생애에 사랑 표현을 받아 본 경험이 없어서 그랬던 거였어요. 어쨌든 어린 마음에 제가 입을 닫아 버렸어요. 그렇게 활발하던 아이가 말이 없어지기 시작하니까 그게 스트레스로 쌓였던 거예요.

말이 없어지기 시작한 것은 자녀분의 증상과 유사하네요. 부모로서 자녀의 질병이 자기 탓이라 여기거나, 자녀에게 못 해준 것들 때문에 마음이 힘겨워지거나 하지는 않는지요?

고: 아이들과 늘 함께 있는 것은 정말 중요한 일이지요. 제가 학교에서 돌아오면 어머니는 늘 집에 계셨어요. 그게 굉장히 고마웠어요. 어머니는 늘 집에 계시다는 그 느낌이 참 좋았거든요. 우리는 아이들에게 그런 것은 못 해준 거죠. 어머니는 피아노를 전공하셨기 때문에, 마음만 먹으면 바쁘게 일할 수 있는 분이셨어요. 그런데도 4남매를 어머니가 손수 다 키우셨어요.

김: 돌아보니 아쉬운 부분이지, 죄책감을 가질 일은 아닌 것 같아요. 아이들도 성장 과정에서 질병을 만난 것뿐이지 인성적으로나 신앙적으로 부모에게 피해를 당하거나 한 건 아니니까요. 지금 신앙생활 잘하면서, 또 두 아이 모두 신앙적으로 더 치열한 고민을 하는 배우자를 만나서 잘 살고 있으니 감사한 마음이 크죠.

큰 고통이 큰 그릇 만든다?

두 분의 경우 발병을 했다가 회복한 경험이 있기 때문에 자녀들도 금방 나을 수 있을 거라고 생각하시진 않았는지요. 그 시기를 어떻게 버티셨는지 궁금합니다.

김: 아이들이 둘 다 발병하여 치료받는 동안 어떻게 시간을 보냈

는지, 무슨 생각을 했는지 물어보는 질문을 종종 받는데요. 전형적으로 이 질환을 경험하지 못한 분들이 던지는 질문일 때가 많습니다. 치료 과정에서는 길게 생각할 여유가 없거든요. 병원에 입원하는 순간, 그때그때 맞닥뜨린 상황에 집중하느라고 앞으로 어떻게 될 거라는 예측을 하거나 생각할 여유가 없어요. 정신 못 차리게 하는 사건들이, 이 순간이 얼른 지나갔으면 하고 그저 바랄 뿐이죠.

선교사님이 많이 우셨다는 내용을 책에서 읽은 적이 있습니다.

고: 제가 좋아하는 성경 구절 중에 "네가 모르는 크고 놀라운 비밀을 너에게 알려 주겠다"라는 예레미야 33장 3절 말씀이 있어요. 많은 사람이 저를 위로한다고 이 구절을 인용하면서 "하나님이 아들을 큰 그릇이 되게 하려고 이런 고통을 주시는 거다"라는 얘기를 하곤 했지요. 아무리 제가 좋아하는 말씀이지만 전혀 위로가 안 되더라고요. 그런 위로는 정말 아무 쓸모가 없어요. 어떤 장로님이 "그래도 금방 죽는 병은 아니잖아"라고 위로를 하시는데, 오히려 그건 조금 위로가 되었어요. 함께 있을 수는 있으니까요. 그런데 작은아이가 병원에 자주 입원할 때는 '이건 사는 것보다 죽는 게 낫다' 싶더라고요. 정말 그 정도로 정신 줄을 붙잡기가 힘든 상황이었어요.

지금은 어떠신지요. '크고 놀라운 비밀'이 무엇인지 조금이라도 헤아려지시

는지요?

고: 어쨌든 아이들이 〈조우네 마음약국〉을 하게 된 계기가, 자기네와 같은 어려움을 겪는 이들을 위로하고 작으나마 힘이 되겠다는 거잖아요. 작은 위로를 나누려는 마음으로 시작한 게 지금처럼 커질 줄은 전혀 몰랐으니까, 어쩌면 정말 '크고 놀라운' 일인 셈이죠. 그런데 한편으로는, 긍휼히 여기는 마음을 우리 아이들에게 주셨다는 것 자체가 정말 크고 놀라운 비밀이 아니었나 깨달아 가고 있어요.

우리 부부가 각각 자기 사역이 이데올로기화돼서 거기에만 몰입하다 보니까 아이들을 더 돌보지 못하고, 오랜 시간 함께하지 못했다는 데 대한 후회도 있어요. 한편으로는 우리 아이들이 정신질환과 관련해서 힘겨운 여정을 갈 때에 동역자들이 정말 힘껏 도와주었어요. 정신질환을 극복하는 것은 아주아주 긴 싸움이거든요. 정말 기나긴 마라톤 경주예요. 아이들이 회복되는 그 인내와 고통의 여정에 함께해 준 이들이 없었다면, 여기까지 오지 못했을 거예요.

당신의 잘못이
아니다

2

조울증 두 자녀와 함께한 이들 가족의 이야기는 여러 매체에 소개되었고,
고직한 선교사가 쓴 《정품교회》(뉴스앤조이)에도 어느 정도 나와 있다.
('정품교회'라는 이름은 고 선교사가 '정신적·정서적 약자를 품는 교회'를
줄여서 만든 조어다.) 다만 대부분 고직한 선교사의 시선에서 정리된 내용이
중심이고, 지난 몇 번의 만남에서도 자연스레 고 선교사의 이야기 비중이
늘어난 터였다. 이에 따라 두 자녀의 어머니이자 교육가인 김정희 선생의
시선과 가치관을 더 들어보고 싶어 단독으로 만나는 시간을 가졌다.
그녀는 현재 유튜브 채널 〈조우네 마음약국〉에 조우 엄마로 종종 출연하면서,
정신질환 관련 일대일 상담은 물론 독서모임과 예배에 힘을 쏟고 있다.
조울증 자녀를 둔 엄마로서, 30년 넘게 교육사업에 종사한 교육가로서 살아온
여정을 들었다. 그 고단한 여정은 멀리 돌아가는 길이었을지라도 지성, 감성,
영성이 조화를 이루어 가는 연단의 과정이었다.

조울증을 겪는 두 자녀와 함께한 가족 이야기가 여러 매체에 소개되었는데요.

현재 유튜브 〈조우네 마음약국〉 구독자가 1만 4천 명 정도 되고, 이 콘텐츠가 주변의 호응을 얻으면서 여러 커뮤니티가 생겨났어요. 조울증, 우울증 등을 겪는 정신적·정서적 약자들과 그 가족들이 〈조우네 마음약국〉을 보면서 큰 위로와 도움을 받았나 봐요. 이를 시작으로 카카오톡 일대일 상담을 하기 시작했는데, 현재까지 2천 250명에 이르는 이들과 온라인 상담을 해 왔어요. 이와 별개로 840여 명이 참여하는 온라인 독서모임도 하고 있어요(앞의 수치는 모두 2023년 11월 말 기준). 함께 예배드리는 '아둘람 모임'도 생겨났죠. 이런 모임들에 중국과 미국 등에 있는 회복된 환자들이나 전문 의료인이 합류하여 힘을 보태고 있어요.

정신질환의 다양한 스펙트럼

'정신적·정서적 약자'라고 표현하셨는데요. 흔히 말하는 '정신질환'의 스펙트럼이 넓어서 개념이 혼동되기도 합니다.

저는 '정신적·정서적 약자'라는 표현을 가장 많이 사용해요. 정신적 약자는 정신증(psychosis)이 있는 환자로, 현실 판단에 문제가 있고 망상이나 환각, 환청, 환시 등의 증상을 겪는 이들입니다. 조현병, 조울증 등이 여기에 포함되지요. 정서적 약자는 신경증(neurosis)이 있는 환자로, 현실 판단에는 문제가 없지만 성격장애나 수면장애 등으로 나타나죠. 흔히 우리가 정신질환이라고 할 때 크게 정신증과 신경증을 모두 포함합니다. 요즘에는 경계성도 많은 것 같고, 복합적 증상도 많아 보여요. 뇌와 관련한 병이라서 중독 증상이 따라오기도 하고요. 통전적 치료가 절실한 상황인 거죠.

조울증인 두 자녀를 30년 가까이 돌보며 얻은 지식과 경험은 누구도 쉽게 무시하지 못하리라고 생각합니다. 그럼에도 비전문가가 치료 과정에 개입하는 것을 우려하는 시선도 있습니다.

의료적 관점에서 보면 약물 치료가 필수조건입니다. 증상 완화를 위해서는 확실히 약을 먹어야 해요. 그러나 병원 밖에서 중요한 건 공감적 대화입니다. 정서적인 지지나 대화를 강조하는 전문가 중에 대니얼 피셔(Daniel Fisher)라는 사람이 유명한데요. 그는 한때 생화학 박사로서 정신과 약을 만들기도 했는데, 20대 중반에 결혼 생활의 어려움을 경험하고 조현병을 진단받았지요. 식음을 전폐한 그를 살린 사람은 의사나 간호사가 아니고 동료지원가였어요. '동료지원가'는 정신질환을 앓다가 회복된 경험을 토대로 환자들을 돕는 교육과 훈련을 받은 사람들을 말합니다. 대니얼 피셔가 힘겨워할 때 이 사람들이 말없이 다가와 필요를 묻고 채워 준 일이 가장 큰 도움이 되었다는 거예요.

나중에 그는 정신과 의사가 되었는데, 자기 경험을 살려 '정서적 심폐소생술'(e-CPR)이라는 개념을 만들어 냈어요. 그뿐 아니라 1992년에는 정신장애인 회복을 돕는 동료지원 단체 전미역량강화센터(the National Empowerment Center, NEC)를 설립하는 데까지 나아갑니다. NEC는 정신건강 문제를 가진 당사자와 그 가족을 위한 공감적 대화와 훈련 및 여러 다양한 정보를 제공하고 있는 기관이에요. 2019년 기준으로 미국의 경우, 동료지원가 3만 명이 활동하고 있어요. 그의 개념과 활동을 녹여낸 책이 《희망의 심장박동》(한울아카데미)이라는 제목으로 한국에서도 출판되었어요. 이 책에서 피셔 박사는 환자의 수준을 받아 주는 공감적 대화가 그들을 살리는 데 매우 중요하다고 말합니다.

지금은 참고할 만한 책이나 정보가 적잖이 보입니다. 그런데 자녀의 질환을 처음 인지했을 1990년대 중반만 해도 좋은 책을 찾기가 어려웠을 것 같습니다.

근 30년 전에 큰애가 아팠을 때만 해도 읽을 만한 책이 딱 한 권 있었어요.《조울병, 나는 이렇게 극복했다》(하나의학사)인데, 정신과 교수이면서 임상심리학 박사인 케이 레드필드 재미슨의 투병기를 담은 책이에요. 이 책에는 약을 거부하고 증상이 악화할 때의 경험들도 세밀하게 담겨 있어요. 요즘은 당사자들 수기가 책으로 많이 나오는데, 그때만 해도 거의 없었지요. 또 김진 박사의《정신병인가 귀신들림인가?》(생명의말씀사)라는 책도 도움이 되었어요. 아직도 정신·정서와 관련한 질병에 관해서 영적인 차원으로만 해석하는 기독교인들이 참 많잖아요. 누구 기도가 용하더라 하면서 여기저기 찾아다니다가 치료 시기를 놓쳐 버리니까 그게 너무 안타깝죠.

그동안 정말 많은 책을 보셨을 텐데, 요즘 특별히 주목해서 보시는 책이 있나요?

당사자들이 쓴 수필이 많이 나오는데 언제부턴가 잘 안 보게 되더라고요. 너무 슬프면 읽기가 어렵더군요. 함께 이겨 내자는 메시지로 사람들을 크게 위로했다가도 정작 그 자신의 삶이 나중에 좋지 않은 결과로 이어지는 예도 있고요. 그래서 최근에는 세세한 매뉴얼이 담긴 책이나 구체적인 극복 사례들을 주로 보고 있어요.《베델의 집

렛츠! 당사자연구》(EM커뮤니티)는 정신질환 당사자들이 모여 사는 일본 공동체 이야기인데, 해산물 상품을 만들어 파는 모습이나 서로 자신의 망상이나 환청 경험을 자유롭게 나누는 모습이 참 좋아 보였어요. 우리나라에서도 이런 유의 작은 공동체들이 생겨나는 것 같아요. 조울증은 한 번 겪고 나면 거센 쓰나미가 지나간 듯 상처와 잔재가 많이 남는 질병이지만, 그 고통을 지렛대 삼아 성장하는 밝은 분위기로 이야기를 끌어나가는 게 중요하지 않나 합니다.

환자의 가족들과 상담을 자주 하실 텐데요. 가족들이 겪는 어려움을 잘 알고 계시기 때문에 건넬 말들도 더 많을 것 같습니다.

저희 가족도 물론 힘들었지만, 더 힘든 가족들도 많지요. 최근에는 자의(自意) 입원만 가능하게 되는 추세라서 환자가 원하지 않으면 입원할 수 없는 경우가 많아요. 지역사회가 품을 수 있는 역량이 있으면 좀 나을 텐데, 그렇지 않으니까 모든 보살핌과 뒷감당을 그 가족이 떠안아야 하죠. 앞서 '쓰나미'라는 표현을 썼는데요, 위기가 지나간 뒤에는 큰 상처가 남아요. 예를 들어, 조증일 때 돈을 과하게 썼다거나 상식을 넘어서는 일탈로 회복 불가능할 정도로 대인관계가 깨진다거나, 심하면 삶이 초토화되기도 하거든요. 그런 걸 오롯이 가족이 다 감당해야 하는데, 정말 쉽지 않은 일이지요. 더군다나 안 그러던 사람이 갑자기 발병하게 되면, 아무리 그 병을 이해하는 사람이라

도 곁에서 오래 함께하기란 무척 어려워요. 정말이지 당해 낼 사람이 없어요. 자녀에게 이런 일이 생기면, 자신의 직업을 비롯한 일상을 모두 접고 오로지 치료와 돌봄에만 매달리는 부모들도 있는데요. 저는 좋은 선택은 아닌 것 같다고 말해 주곤 해요.

왜 그렇게 생각하시나요?

비행기 내 비상 상황 발생 시 보호자가 먼저 산소마스크를 착용한 다음에 아이들에게 착용시키는 매뉴얼이 있잖아요. 구명조끼도 마찬가지 순서인데, 그런 이유와 비슷하다고 봐요. 우선 보호자가 피보호자를 챙길 수 있는 상태를 유지해야 하는 거죠. 자녀의 삶이 송두리째 흔들렸을 때, 보호자의 삶도 같이 무너집니다. 이런 절망 속에서 어떻게든 아이를 먼저 살리려고 자기가 하던 일과 일상을 다 포기하곤 하지요. 그런데 단기간 치료에만 집중해서 병이 낫는다면 다행이지만, 조울증의 경우 완치가 어렵거든요. 당뇨나 고혈압처럼 꾸준히 관리해야 할 질병이지요. 또 자녀에게도 자율성이라는 게 있는데, 24시간 아이와 붙어 있는 상태는 오히려 아이에게 스트레스를 주어 더 안 좋은 상황에 빠지게 만들어요. 제 경우는 그래서 열심히 유아교육 일에 계속 전념하면서 에너지를 얻고, 그 힘으로 다시 자녀를 돌봤던 것 같아요. 물론 모두 저와 같은 상황은 아니기 때문에, 다른 분들에게 얘기할 때는 무척 조심스럽죠.

"놀메 하라우"

발병이나 악화 원인을 유전이나 양육 방식에서 찾는 경우도 있는데요. 엄마로서 자책하거나 죄책감을 갖는 경우는 없었는지요?

왜 없었겠어요. 아이들 돌봄에는 섬세함이 필요하잖아요. 나름으로는 노력하노라고 했지만, 내가 부족해서 애들에게 병이 생긴 것은 아닐까 하고 생각할 수밖에 없죠. 아쉬움이 늘 남아요. 하지만 사실 죄의식은 빨리 떨쳐 버리는 게 좋아요. 미국의 전국정신질환연합회(National Alliance on Mental Illness, NAMI) 첫 번째 슬로건이 "It's not your fault"(당신 잘못이 아닙니다)입니다. 정신병(psychosis)은 누구의 잘못도 아니라는 것이죠. 정신병과 관련한 낙인, 그로 인해 가족이 죄책감을 지니거나 비난당하는 것은 정신건강의 어려움을 더 가중할 만큼 치명적이에요. 저는 오히려 제 경험 때문에 대수롭지 않게 여긴 측면도 있어요. 지난 인터뷰 때도 말했듯이, 제가 대학생 때 조울증을 겪다가 나았기 때문에 애들도 그렇게 낫겠구나 싶었거든요.

앞서 대학생 때 조울증 2형이 나타났다가 회복하신 이야기를 하셨는데요. 그 이야기를 자세히 해주실 수 있을까요?

유년 시절부터 여러 복합적인 원인이 누적되어 발병한 것으로 판단하고 있어요. 확연한 증상은 대학생 때 왔지요. 기분은 끝없이 다운되고 말도 없어지고 6개월을 거의 잠만 자면서 보냈어요. 그때 할아버지 댁에서 지내며 위로를 많이 받았죠. 할머니는 "공부 너무 열심히 하다가 병났다" 하시면서, 정성스레 음식을 차려 주시고 기도를 멈추지 않으셨어요. "양지가 음지 되고, 음지가 양지 될 거야"라는 말씀이 아직도 기억에 남아 있습니다.

몇 달 지나니까 잠도 줄어들고, 다시 자신감이 생기더라고요. 교회 새벽기도에도 가서 '이게 성령충만이라는 거구나' 느낄 정도로 상태가 좋았습니다. 이제 앞으로 쭉쭉 나아갈 일만 남았다 하는 마음으로 자신감에 차서 복학했는데 글씨가 눈에 안 들어왔어요. 그러니 공부를 할 수가 없는 거예요. 나중에야 안 사실이지만, '성령충만'이 아니라 '조증'이 온 상태였던 거지요. 우울증이 지나고 조증 상태에 이른 것을 회복되었다고 착각한 거였죠. 시험도 치르지 못해 '올 에프' 학점을 받았고, 세 학기 평균 평점이 0.85가 나왔어요. 그냥 다 그만둬야겠다고 생각했죠.

가족 모두가 충격에 빠졌는데, 할아버지가 학교 앞에 하숙집을 얻어 주시면서 "공부 안 해도 좋으니 학교 오가면서 그냥 바람만 쐐. 책가방도 안 들고 다녀도 돼"라고 말씀하셨죠. 정말 그렇게 했어요. 아침에 햇빛 받으면서 그냥 학교만 왔다 갔다 하는 시간을 보냈는데, 어느 날 병이 날아가 버린 거예요. 일반화할 수는 없는 일이니까 어디가서 이런 얘기를 섣불리 하진 못해요. 그렇지만 그때 하루하루의 규칙적인 일상, 지지해 주는 공동체(선교단체), 나를 이해해 주는 남자친구(고직한 선교사)가 큰 힘이 된 것은 분명한 사실이지요.

질병에 관해서는 의사나 관련 전문가의 판단이 가장 중요하겠지만, 주변 사람들에게 편하게 이야기할 때 주로 어떤 조언을 하시나요?

이북 출신이신 할아버지가 제게 늘 하시던 말씀이 "놀메 하라우"였어요. '천천히 하라'는 의미의 평양 방언인데요, 강박이나 스트레스를 떨치는 데 큰 도움이 되었던 말이고, 지금 제게는 좌우명과도 같은 말이죠. 병 때문에 힘들어하는 환자나 가족들에게도 같은 말을 하곤 해요. 그리고 실제적으로는 수면 시간을 잘 잡는 게 중요하다고 얘기해요. 약 복용만큼이나 중요한 것이 수면인 것 같아요. 수면 균형을 잡아야 운동, 일, 식생활이 규칙적으로 이뤄질 수 있거든요. 일상적인 삶의 일과를 잘 유지하는 게 제일 중요한데, 그 중심이 안정적인 수면에 있어요. 또 하나는 고립되는 환경을 피하는 게 중요하다고 봐요. 고립돼 홀로 있을 때 망상이 점점 더 심해지는 경향이 있거든요. 그런 모습이 사회에 노출되면 편견이 강화되고, 그 편견 때문에 다시 고립되는 상황에 놓이는 악순환이 일어나죠. 교회나 지역사회가 품어 주면서 선순환을 이끌면 좋을 텐데, 솔직히 말해 현재로선 기대하기 어려운 현실이에요.

두 자녀를 치료하는 과정에서 재정적인 부담도 만만치 않았을 것 같습니다.

두 아이 모두 조증이 문제였기 때문에 입원할 때도 1인실을 잡아야 했어요. 조증일 때는 과한 행동으로 다른 환자에게 피해를 줄 수 있으니까 1인실에 있어야 하거든요. 그때나 지금이나 1인실은 의료보험이 되지 않아서, 한 아이 입원할 때마다 한 달에 500만 원씩 입원비를 냈어요. 남편은 선교사니까 제가 돈을 벌 수밖에 없었어요. 그래서 제가 32년 동안 일을 멈출 수 없었는지도 모릅니다. 언젠가 둘째가 병원에서 퇴원하면서 갑자기 "돈 없는 사람들은 이런 병을 어떻게 치료해요?" 하고 묻더라고요. 1인실 입원은 생각조차 못 하고 모든 어려움은 오로지 가족 몫이 되는 거죠. 물론 돈이 많다고 해결이 쉬운 건 아니겠지요. 부유함이 독이 되기도 하니까요.

앞서 자신의 경험에 비추어 자녀들이 금방 나을 거라고 생각했다고 하셨는데요. 그런 기대가 무너졌을 때 더 절망하시지는 않았는지요?

사실 지금은 두 아이가 어느 정도 회복되어서 이렇게 지난 시간을 돌아보며 말할 수 있는 거예요. 두 애 입원한 횟수를 합치면 열일곱 번입니다. 남편은 입원 전후를 합쳐 50회 이상은 지옥을 경험했다고 말하곤 하죠. 병증이 있는 동안에는 먼 미래를 생각하는 구체적인 계획을 생각할 수가 없었어요. 그저 하루빨리 일상이 가능하게 해달라는 단순한 기도를 반복할 뿐이지요. 정신없이 그때그때 닥쳐오는 상황을 수습하며 버티기에 바빴어요. 대다수 환자 가족들이 그럴 겁니다. 모든 것이 무너져 내리는 상황에서 그저 평범함을 간절하게 구하게 되죠. 그 시기를 견디고 제가 살아남을 수 있었던 이유는 건강한 교육사업에 집중하고 있었고, 주변에 도움을 주는 사람들, 지지하는 가족들과 기도해 주는 사람들이 있었기 때문입니다.

〈조우네 마음약국〉의 시작

정신질환으로 어려움을 겪는 환자나 가족을 돕겠다고 생각한 계기는 무엇이었나요?

막연하게는, 첫째에 이어 둘째도 병원에 입원하게 되면서 뭔가 정신을 번쩍 들게 하는 게 있었어요. 예수님 말씀처럼 참새 한 마리도 그냥 떨어지는 일이 없는데, 지금은 우리가 알 수 없지만 무언가 이유가 있을 것이다, 두 아이 모두 이런 일이 생긴 것에는 분명 하나님의 선한 뜻이 있을 것이라는 생각도 들었죠. 그렇지만 늘 증상이 다시 나타날까 봐 조심스러하는 게 전부였어요. 그 이상의 일을 계획하거나 시도하기에는 역부족이었어요. 그러다가 지난 2018년에 큰애 부부가 유튜브를 하겠다고 했어요. 다시는 돌아가기 싫은 자신의 조울증 경험을 바탕으로 콘텐츠를 만들겠다고 해서 많이 놀랐어요. 그 고통스러운 자신의 긴 터널 이야기를 전하며 환자들을 돕겠다고 하니까, 그 소박하고 긍휼한 마음에 감동했지요. 물론 일이 이렇게 커질 줄은 몰랐지만요.(웃음)

〈조우네 마음약국〉이 많은 호응을 얻는 이유는 무엇이라고 생각하시나요?

무엇보다 직접 겪은 당사자 이야기를 하기 때문 아닐까요? 구독자들이 자기 고통을 이해받는다고 느끼는 것 같아요. 1인실에 갇혀(?) 있던 이야기, 골방에서 나가기 싫어서 스스로 고립되었던 이야기를 서로 터놓고 나누다 보면, 바깥으로 한 걸음 나갈 용기가 생기기도 하고요. 또 두 아이가 살아가는 모습이 희망을 주는 게 아닌가 합니다. 일단 발병하면 평소 화목하던 가족도 해체되기가 쉽거든요. 새 가정을 이룬다는 것은 꿈만 같은 이야기죠. 그런데 두 아이는 결혼도 하고, 게다가 첫째네는 아이들도 낳아 키우고 있으니 구독자들이 그 모습을 보며 희망을 갖고 힘을 얻나 봅니다.

조울증인데 애를 왜 셋이나 낳았느냐고 묻는 사람도 있는데요, 유전이 되지 않을까 우려하는 거죠. 그런데 100퍼센트 유전은 아닌데다가 두 자녀의 아이들 세대 때는 더 좋은 약들이 개발될 거라고 봐요. 게다가 한 번 병에 걸렸던 사람은 다른 사람의 작은 증상들을 기가 막히게 알아보거든요. 가족이나 가까운 사람 중에 증상이 나타날 경우 조기 발견과 치료가 가능하다는 얘기지요. 또, 아이를 키우면서 일상적인 삶을 살면 분명 회복력이 더 좋아집니다. 《트렌드 코리아 2022》에서 서울대 소비트렌드분석센터가 2022년을 이끌 10대 트렌드 중 하나로 '헬시 플레저'(healthy pleasure)를 꼽았잖아요. '건강 관리가 즐거워진다' '건강을 즐겁게 관리한다'는 의미가 담긴 표현인데요. 그 앞에 '멘탈'(mental)을 추가해서 정신적·정서적 건강도 밝은 분위기로 이야기하는 트렌드가 자리 잡혔으면 좋겠어요. 고립되어 있던 사람들이 유튜브를 통해 연결되면서 긍정적 에너지가 생기고 전달되었던 것처럼요. 개인적으로도 지난 30년 간병 생활을 통틀어 〈조우네 마음약국〉을 함께 해온 최근의 5년이 가장 많이 배우고 느낀 시기가 아닌가 합니다.

함께 예배드리는 모임도 생겼다고 말씀하셨는데요.

유튜브에 좋은 설교나 특강은 넘치는데 크리스천 관점에서 정신질환 이슈를 바르게 이해하고 전하는 말씀은 거의 없잖아요. 이런 현실에서 고 선교사가 매주 메시지를 준비하고 30여 명이 온오프라인으로 모여 예배하고 인격적인 모임을 해나가고 있지요(2023년 11월 현재). 아무래도 기도도 더 깊게 하게 되는데, 교회는 아니지만 교회 같은 느낌이 있죠. 물론 교제가 쉽진 않지만, 서로를 위해 중보하는 시간이 쌓이면서 힘이 되어 주고 있어요. 남편은 이 모임이 교회는 아니

라고 처음부터 결론을 내렸어요. 좋은 교회에 다닐 수 있게 해주는 과
도기적 모임이 되어야 한다고요. 일종의 '터미널 처치' 역할을 하는
거죠. 터미널은 목적지를 가기 위해서 교통편을 갈아타는 지점이지
최종 목적지가 아니잖아요. 물론 현실적으로 교회가 이들을 품기에
는 쉽지 않아요. 그러니 이들이 교회를 이해하도록 도와야지요. 그러
려면 스스로 강해지고 부요해져야죠. 정부나 교회의 책임을 묻는 것
은 그다음 문제이고요.

**30년 넘게 교육가로서 유아교육 분야에서 일하셨는데요. 구체적으로 어떤
일을 하신 건지 궁금합니다.**

호주에 있을 때는 소수민족을 위한 유아원, 플레이그룹(놀이학
교)을 운영했어요. 1986년 한국에 돌아와서도 유치원을 했는데, 처음
엔 아들과 아들 친구를 포함해 4명으로 시작했지요. 그런데 나중에
는 '아뜰' '봄뜰' '빛뜰' '꼬뜰' 플레이그룹으로 확장이 되었어요. 제 교
육철학은 앞서 얘기했듯이 '놀메 하라우'였어요.(웃음) 애들 놀게 해
야 하니까 마당이 있거나 100평 넘는 집을 얻어서 운영했어요. 애들
뿐 아니라 선생님이 즐거워야 애들이 즐겁잖아요. 그래서 선생님들
의 행정 잡무를 최소화하고 주 4일 근무를 하게 했어요. 애들하고 잘
놀아 주는 게 교육이라고 강조했었죠.

지금은 '놀이교육'이라고 하는 게 보편화되었지만, 20~30년 전

만 해도 파격적인 교육이었어요. 특별히 제가 중요하게 여긴 건 부모님들이 참여하는 '플레이그룹'이었어요. 그렇게 맺어진 부모와의 관계가 아직 이어지고 있어요. 아둘람 모임에 와서 봉사하는 분도 있고요. 교회 교육 관련해서는 1986년 사랑의교회에서 처음 유아부를 만들 때 교육전도사로 함께했어요. 당시 옥한흠 목사님께 계속 요청해서 사랑부(장애 유아 부서)가 시작되는 데 역할을 하기도 했죠. 그때 만 2~3세 유아가 120명이 있었는데, 그중 10명 정도가 장애 아동이었어요. 이 유아들을 돕는 부서가 필요하다고 교회에 3년 동안 줄곧 요청해서 사랑부가 시작되었죠.

유치원이나 교회 교육 부서에서 활동하시면서 자연스레 부모님들을 많이 만나셨을 텐데, 두 자녀의 병을 숨기고 싶지는 않으셨는지요.

감추기보다 오히려 소식을 나누었고, 그럴 때마다 함께 기도해 주었어요. 어릴 때부터 우리 아이들을 봐온 분들이라서 남의 일이라 여기지 않고 진심으로 걱정해 준 고마운 이들이죠. 남편 쪽 가족력도 있었기 때문에 조울증에 대한 인식이 저도 크게 나쁘지는 않았어요. 교회 공동체에 털어놓았을 때 잘못된 지식으로 조언해 주는 분도 있기는 했지만, 대다수는 진심으로 함께 기도해 주셨지요.

말씀을 듣고 보니 교회와 같은 공동체 차원에서 환자들을 향한 지지가 정말 중요할 것 같습니다.

그렇기 때문에 하루빨리 인식 개선이 되면 좋겠다는 바람이 있어요. 특별한 사람들이 걸리는 병이 아니거든요. 정신질환은 죄 때문도, 귀신 들림 때문도 아니에요. 4명 중 1명꼴로 누구나 한 번 이상은 우울증, 공황장애, 불면증 등의 정신질환을 겪는다고 하잖아요. 특별히 교회가 정서적·정신적 약자를 품어야 한다는 얘기는 아무리 강조해도 부족하다고 생각합니다. 남편이 쓴《정품교회》에도 잘 나와 있지만, 병을 바라보는 관점을 바꾸는 게 참 중요해요.

이제까지 제가 상담해 보니까, 확실히 착하고 명석하고 민감한 사람들이 병에 걸릴 확률이 높아 보여요. 그런 사람들이 스트레스에 더 취약한 경향이 있으니까 당연한 얘기일 수 있지요. 생물학적 취약성과 스트레스가 합쳐져 100을 넘으면 발병한다고 볼 때, 스트레스에 취약한 사람들이 정신질환을 겪을 가능성이 큰 거죠. 유명한 '탄광의 카나리아' 이야기를 대입해서 생각해 보면 어떨까 해요. 유독가스 탐지기가 개발되기 전 19세기 광부들이 탄광에 들어갈 때 카나리아라는 새를 새장에 넣어서 들어갔다고 하잖아요. 카나리아는 적은 양의 일산화탄소와 메탄가스에도 반응하기 때문에, 카나리아가 이상 증세를 보이면 광부들은 가스중독을 피하고자 즉시 탈출했다고 해요. 저는 정신적·정서적 약자들이 이 시대의 카나리아 같다고 생각해요. 그

들의 약함과 민감함을 헤아리는 노력은 곧 사회 구성원 모두의 안녕
을 지키는 일인 셈이지요.

두려움과 더불어
살아가다

3

흔히 사람들은 자녀가 태어난 때를 인생에서 가장 기쁘고 벅찬 장면 중 하나로
기억한다. 자기를 꼭 빼닮은 생명의 탄생 앞에서 숭고한 기운에 휩싸인다.
그와 동시에, 마음 한편에서는 두려움이 자리하는 것을 느낀다. 부모로서
자녀를 잘 키울 수 있을지, 자녀가 큰 병 없이 건강하게 성장해 갈지,
순조롭고 순탄한 인생을 살아갈지… 여러 불안한 질문이 피어오르는 상황을
누구도 피할 수 없다.
성장 과정에서 부모로서 어찌할 수 없는, 통제불능의 질환에 시달리는 자녀를
곁에서 바라보며 느꼈을 두려움에 대해, 고직한·김정희 부부는 어떻게
기억하고 있을까? 위태로운 자녀를 바라보면서 엄습하는 두려움을 어떻게
극복할 수 있었을까?
대화를 이어 갈수록 어리석은 질문이었음을 알게 되었다.
이들은 두려움을 극복하거나 없애려 하지 않았다.
두려움과 함께 살아가는 길을 개척하고 있었다.

〈조우네 마음약국〉 유튜브 방송을 함께 하시는 시간은 어떠신지요. 독립된 가정을 이룬 자녀들과 함께 공통의 일을 하는 경우가 흔치는 않을 것 같은데, 자녀들에 대해 새롭게 발견하거나 알게 되는 사실이 있는지요.

고: 물론이지요. 아이들과 방송을 하다 보니까 처음 듣는 이야기도 많아요. 사실 2016년 말까지는 입원 퇴원을 거듭했고 2017년부터 입원이 멈추었는데, 그 뒤로도 겪은 일들이 많았거든요. 그런데 그 이야기를 나누기가 쉽지 않았어요. 섣불리 말을 꺼내기가 어려웠던 거죠. 근본적이고 본질적인 대화일수록 피하게 되는 경우가 있잖아요. 대화나 이야기가 잘 수습될 수 있을까 하는 막연한 두려움 때문이었던 것 같아요. 그러다가 방송을 함께 하게 되면서 이전에 몰랐던 두 아들의 모습을 많이 알게 되고, 새로운 차원의 교제가 이뤄지더라고요. 최근에서야 핵심으로 다가가는 대화를 하게 된 셈이지요.

이야기하기 쉽지 않은 내용을 다루는 채널인데도 방송이 무거운 분위기로만 흐르지는 않아서 의외라는 생각이 들었습니다.

고: 언젠가 둘째 하림이와 방송한 게 개인적으로는 나름 꽤 재미있었어요. 정말로 '재미' 요소가 있었거든요. 조울증 이야기일수록 코믹한 요소를 넣어서 분위기를 환기할 필요가 있다는 생각을 했을 정도였지요. 둘째가 자신이 병원에 입원했을 때 에피소드를 몇 개 이야기했는데, '웃픈' 유머라고 할까요? 물론 하림이는 웃기려고 말한 게 아닐 수 있어요. 여튼 저는 재밌었어요. 듣는 사람들도 그런 분위기를 더 편하게 느끼는 것 같아요. 무거운 주제를 다루는 콘텐츠일수록 긴장을 풀어 줄 만한 요소들을 곳곳에 활용할 필요가 있겠다 싶어요.

조울증이라는 정신질환에 대해 이야기하면서 '코믹한 요소'가 가미된다는 것이 가능할지 언뜻 이해가 되지 않는데요. 좀 더 구체적으로 얘기해 주실 수 있나요?

고: 예를 들면, 하림이는 입원했을 때 간호사들한테 '누나'라고 부르는 것을 좋아했대요. 그런데 치료를 받으러 들어간 것이기 때문에 그렇게 부르면 안 되거든요. 그래서 의사하고 각서를 하나 썼나 봐요. 앞으로 또 '누나'라고 부르면 안정실에 들어가야 한다고요. 안정실은 밀폐된 독방을 말하는데, 한 번 들어가면 두 시간 정도를 그곳에

있어야 해요. 얼마나 고통스러워요. 그런데 그때까지 2~3주 정도를 '누나'라고 불렀으니, 그게 쉽게 고쳐질 리가 없잖아요. 역시나 평소 습관처럼 간호사를 '누나'라고 불러서 안정실에 꼼짝없이 두 시간 동안 있어야 했지요. 조증일 때의 두 시간은 우리가 상상하기 어려울 정도로 몹시 긴 시간이에요. 무엇이든 할 수 있다고 여기는 전능감이 들기도 하는 상태인, 그 활동적이고 활력 넘치는 조증의 시기에 두 시간을 독방에서 아무것도 못 하고 가만히 있어야 한다고 생각해 보세요. 그렇게 힘들게 겨우겨우 두 시간을 견뎌낸 거예요. 그리고 마침내 간호사가 다시 와서 문을 열어 주니까 그 순간 너무 반가워서 자기도 모르게 "고마워요, 누나!" 하고 인사를 해버린 거죠.(웃음) 그래서 다시 두 시간 동안 안정실에 들어가 있어야 했다는 웃픈 이야기가 있어요.

둘째의 발병과 종교망상

당사자 입장에서는 힘겨운 이야기인데, 상상해 보면 정말 웃음이 나오는 순간이 있네요. 그런데 '누나'라고 부르면 안 되는 이유가 있을까요? 치료를 위한 '라포'(rapport, 친밀한 관계) 형성을 중요하게 여기기도 하지 않나요?

고: 기본적으로 우리 하림이가 사람들에게 굉장히 친근감 있게 다가가는 성격이에요. 누구보다 하림이부터 '누나라고 하면 왜 안 되

죠?'라고 생각할 수 있겠죠. 그런데 의사는 치료를 위해서 틀을 갖춰야 하잖아요. 의사는 의사, 간호사는 간호사로 구조화된 틀 안에서 효과적인 치료가 이뤄지는 것이지 친근하게 다가간다고 '형님' '누나'가 되어 버리면 권위와 전문성이 흐트러진다고 보는 것이죠. 주변에 다른 환자들도 영향을 받을 수 있고요. 경계가 한 번 허물어지면, 치료를 위한 개입이 무척 어려워지기도 하고요. 물론 다소 딱딱한 느낌은 있죠. 서구에서는 다 이름을 부를 테니까요. 우리나라만의 독특한 상황이 아닐까 싶기도 해요.

둘째 하림 씨는 종교망상이 있었다고 하셨는데요.

고: 자기 자신을 예수라고 생각하는 망상에 사로잡히기도 했지요. 에피소드를 하나 더 얘기해 보면, 종교망상이 있다 보니까 병원에 입원해서 걸을 때도 두 팔을 번쩍 들고 다닌 거예요. 어떤 종교적인 기운을 풍기면서 다니니까 한 중년 여성 환자가 따라오더라는 거죠. 그 사람도 종교망상이 있었는데, 알고 보니 자기를 성경의 마리아로 여기는 분이었어요. 그러니 예수인 척하면서 걷는 하림이를 예수라 여기며 쫓아다닌 거지요. 이것도 웃픈 이야기지요.

앞서 조증에 대해 언급하셨고 하림 씨 사례도 얘기하셨는데요. 일반적으로 우울증은 언론 보도나 드라마 등을 통해 어느 정도 이해가 있는데, 조증은 들

어 보지 못한 이들이 많을 듯합니다. 좀 더 구체적인 조증의 증상이나 사례를 얘기해 주실 수 있는지요.

고: 조증이 되면 우선 일상이 아주 심심해집니다. 무엇이든지 할 수 있는 기분이 드는데, 일상은 너무 평범하니까 더 심심해지는 거예요. 그러니까 특히 잠자는 게 싫어져요. 그래서 병원에서는 밤에 자라고 수면을 유도하는 약을 줍니다. 약을 먹으면 곧 잠이 드는데, 약을 먹고도 잠이 들기 싫으니까 초콜릿을 먹으면서 버티는 거예요. 자극적인 맛을 느끼면서 잠을 깨려고요. 둘째는 그렇게 초콜릿을 먹다가 잠이 드니까 이가 다 썩었어요. 그 약은 코끼리도 잠들게 한다는 수준의 약이거든요. 입 안에 음식물을 가득 머금고 잠드는 경우가 꽤 있었죠.

그 정도라면 병원 밖에서는 조증을 관리하거나 억제하기가 쉽지 않았을 것 같은데요.

김: 남편이 정말 대단했어요. 조증일 때 큰 사고를 낼 수 있거든요. 조증이 되면 자아가 팽배해져서 자기를 영웅이나 초인처럼 여기는 경우도 많아요. 그러면 높은 곳에서 뛰어내려도 살 수 있다는 자신감이 생기기도 하지요. 우리가 당시 13층에 살다 보니까 그런 불상사를 막으려고, 약을 먹이고 차에 태워서 계속 드라이브를 하는 거예요. 잠이 들 때까지 그렇게 하는 거죠. 그때 차에서 뛰어내리려 하는 등

위험한 순간이 많았어요. 자기가 가고 싶은 데가 있는데 못 가니까 감정조절이 더 어려워지는 거죠. 홍대 클럽에 가고 싶어 해서 자주 데리고 갔어요. 재즈바에도 가고요. 그런데 새벽 한두 시쯤에는 거기도 문을 다 닫으니까 다시 운전하면서 드라이브하는 수밖에 없었지요.

통제하기보다는 오히려 에너지를 발산하는 쪽으로 접근하신 거군요.

고: 조증일 때는 정말 재밌고 신나는 일들만 했으면 좋겠다는 상태가 계속 되거든요. 그걸 막으면 화가 나고 에너지를 더 주체하지 못하게 되지요. 그래서 우리가 생각해 낸 게 '온리원 콘서트'라는 아이디어였어요. 잠은 안 오고 밤새 연주는 하고 싶고, 그래서 그 욕구를 충족시키기 위해서 드럼 연주를 하게 했어요. 한 사람을 초청해서 그 사람만을 위한 연주회를 여는 콘셉트로요. 그렇게 해서 지금까지 모두 칠십일곱 번의 콘서트를 열었지요.

그런데 조증일 때는 보통 어떤 방향으로 치료를 해가나요?

김: 전문가들은 조증일 때 무엇보다 안정시키는 게 중요하다고 말해요. 두 가지 방법이 있는 것 같아요. 잘했을 때는 칭찬을 하고, 잘못했을 때는 행동에 확실한 제한을 두면서 '당근과 채찍'을 이용하는 거예요. 활동적인 ADHD(Attention Deficit／Hyperactivity Disorder, 주의력

나의 친구 내 사랑아

© 박혜숙

결핍 과잉행동장애)를 겪는 아이들에게도 이 두 가지를 사용하거든요. 두 가지가 굉장히 균형 있게 전달이 되어야 하지요. 계속 억압만 하면 당사자에겐 상처로만 남게 되니 사랑과 훈육이 함께 가야 하는 거죠. 바운더리(경계선)를 확실하게 치면서도, 사랑한다는 메시지는 전달이 되어야겠지요. 사실 당사자도 자기 의지나 생각으로 그러는 것이 아니라 생물학적인 반응으로 행동하는 것이기 때문에, 주변에서는 이해하는 마음을 품는 게 중요하지요.

아이에게 따끔한 훈육을 하는 동시에 '사랑한다'는 메시지를 전달하는 것은 거의 모든 부모가 어려워하는 일인데요.

김: 아무래도 쉬운 일이 아니지요. 요즘 상담을 해보면, 가족 관계가 망가져서 힘겨움을 겪는 이들이 많아요. 부모가 자녀를 강제로 입원을 시키는 경우, 자녀 입장에서는 부모에게 아주 큰 반감을 갖게 되거든요. 엄청난 배신감을 느끼는 거죠. 자기 엄마 아빠한테 '당신들은 언제 입원할 거냐'면서 쫓아다니면서 괴롭히는 자녀들도 있어요. 병원에서 치료가 제대로 이뤄지기 전에 퇴원하게 되면, 치료가 다 되지 않은 모호한 상태에서 서로 더 괴로워지는 거예요. 바운더리를 치더라도 사랑한다는 메시지가 전달되어야 하는데, 그게 안 되면 자녀 입장에서는 입원해 있는 자기 상황이 이해가 안 되는 거예요. 그러니 특히 엄마들이 많이 시달리는데, 자식에게 미안해서 끌려다니다 보

면 치료와는 점점 더 거리가 멀어질 수밖에 없는 거지요.

**머리로는 아무리 '나의 잘못'이나 '부모 책임'이 아니라는 걸 알고 있더라도,
부모로서는 필연적으로 죄책감을 느끼거나 자책할 수밖에 없지 않을까요?**

　김: '나 때문에 아이가 이렇게 된 것은 아닌가' 하는 마음은… 아마 모든 부모가 그렇게 느낄 거예요. 다만 그게 진실이 아니라는 생각을 붙잡고 있어야겠죠. 아이에게 미안하니까 끌려다니면 자녀를 컨트롤하지 못하게 되고, 치료가 채 되기도 전에 퇴원을 시키면 상태는 더 악화되는 악순환에 빠지게 됩니다. 사랑의 메시지를 어릴 때부터 충분히 주었다면 신뢰 관계가 형성되고 그 안에서는 아이를 컨트롤하고 통제하는 말도 권위 있게 다가갈 수 있어요. 하지만 신뢰 관계가 없는 상태에서는 치료도 잘 안 되고 다른 사람 만나기를 두려워하게 되어 결국 집 안에 틀어박혀서 나오지 않아요. 이제 바깥 세상에 대해서도 불신하게 되는 거죠.

발병 원인과 치료 방식에 대한 고충

지금까지 상담을 어느 정도 해오셨나요?

김: 현재 전체 등록 회원수가 2천 246명인데(2023년 11월 말 기준), 상담 건수는 이보다 훨씬 많을 거예요. 한 분이 여러 차례 하는 경우도 많으니까요. 대다수는 전화 상담을 하게 되는데 어느 정도 익명성이 있는 상담이라 더 솔직한 이야기가 나오는 것 같아요. 정말 솔직한 얘기를 나눌 수 있다 보니, 경험이 쌓여 갈수록 이렇게 사람들이 부담 없이 상담할 환경을 만드는 게 제일 중요하겠다는 확신이 들었어요. 요즘 온라인 전화 상담을 하는, 일종의 비즈니스형 상담 플랫폼이 있어요. 한 시간에 4만 원이나 5만 원 정도를 내야 하는 서비스로, 대개는 전문 상담사들, 그중에서도 학회 출신 상담사들이 맡아서 하고 있는데요. 주로 신경증을 겪는 이들을 대상으로 하는 상담 서비스예요. 정신증이 정신과 전문의들의 영역이라면, 정서적 약자인 신경증은 심리상담의 영역인 거죠. 예전에는 이들 영역 간에 서로 인정 안 하는 분위기가 심하지 않았나 싶어요. 일종의 '밥그릇' 싸움 같은 게 좀 있었는데, 지금은 서로의 역할이 있다는 식으로 정리되어 가는 것 같아요.

치료 방식에 대해 의료계나 연관 분야에서 갈등이나 이견이 클 경우, 환자나 환자 가족들로서는 그만큼 더 어려움과 부담이 가중될 것 같은데요.

고: 그러니까 자녀나 가족 중 누군가 아픈 경우, 우리는 다 의료 소비자 입장인 거잖아요. 우리로서는 전문가들이나 서비스 공급자들

의 영역 다툼과는 무관하게, 각자의 경험과 상태에 따라서 선호도가 갈릴 수 있는 거죠. 우리 나름으로 살아남기 위해서 뭔가 이것저것 시도해 보고 시행착오를 겪으면서 우리에게 맞는 치료 과정을 찾아가야 하잖아요. 그러니 의료 소비자 입장에서는 의료 분업이나 갈등 탓에 피해 보는 일 없이 좀 더 통합적인 관점이 나오면 좋겠어요. 더디지만 그런 통합적 관점의 접근이 시작되는 분위기인 듯합니다. 물론 양의학과 한의학의 갈등은 해소되지 않고 있지만요. 다른 나라에서는 이렇게까지 갈등이 심한 것 같지는 않아요. 환자들이 적절하게 조절해 가면서 의료 서비스를 이용하면 되는 것인데, 우리나라는 전문가들이 영역 다툼을 하고 있어서 선택의 폭이 좁은데다 그 판단을 소비자가 알아서 해야 하니까 어려운 상황 아닌가 싶어요.

그래도 과거에 비해서는 병에 관해 온라인을 통한 정보 접근이 쉬워졌다는 점은 환자나 환자 가족에게 도움이 되지 않을까요? 물론, 이와 반대 측면으로는 오히려 떠도는 정보가 많아서 판단이나 결정이 더 어려워질 수도 있을 테고요.

고: 정신적·정서적 질병은 그동안 미지의 영역이었다는 점이 치료에 가장 큰 걸림돌이 되지 않았나 생각합니다. 우리 아이들은 1990년대 중반에 발병을 했는데 그때는 지금처럼 유튜브가 있었던 것도 아니고 인터넷 연결만 겨우 되는 정도였으니까 어려움이 많았어요.

온라인상에 제대로 된 정보도 없었죠. 한국어로 되어 있는 자료는 더더욱 없었고요. 지금은 전문의들이 올린 정보들도 많고, 인스타그램에 보면 많은 사람이 자신의 조울증에 대해서 이런저런 콘텐츠를 올리더라고요. 조울증이 이런 거구나 하는 것들을 이제 조금 더 리얼하게 알게 되는 시대가 된 거죠. 다양한 관점과 접근을 보여 주는 책들도 많이 나와 있고요.

문제는 자기에게 맞는 적절한 치료 방식을 찾지 못하면, 치료가 늦어지기 때문에 더 어려운 상황에 놓일 수도 있다는 점이에요. 우울증 치료는 조기 발견과 치료가 제일 중요하거든요. 예를 들어, 한약을 먹는 것이 치료에 도움을 줄 수는 있는데 거기에만 의존하게 되면 오히려 치료 시기가 늦어질 수도 있어요. 1~2년 한약 먹다가 병원에 가면 의사가 화를 내죠. 양의학 쪽은 한의학을 워낙에 배타시하니까요.

오랜 세월 동안 직접 경험한 당사자로서 개선되어야 할 점은 무엇이라고 보시는지요?

고: 예를 들면, 양의학 영역에서 개선되어야 할 구조적이고 제도적인 문제가 있다고 봐요. 우리나라만의 독특한 문제 아닌가 싶은데, 약을 처방하는 권리가 의사에게만 있잖아요. 예를 들면, 정신과에서 조현병에 가장 많이 처방되는 약이 몇 가지 있는데요. 반드시 의사가 처방해야 하는 구조 때문에 전문의를 당장 신속하게 만나지 못하

는 상황에서 그 피해는 고스란히 의료 소비자가 겪어야 하는 것이죠. 미국의 경우 정신과 간호사 중에 약을 처방할 수 있는 라이선스를 받은 간호사들이 있어요. 'PCNP'(Psychiatric Nurse Practitioner)라고 부르는 이들 간호사는, 정신과 의사와 같은 수준의 교육과 훈련을 받으며, 정신 건강 평가와 진단, 치료, 약물처방 등을 할 수 있어요. 이와 달리, 우리나라는 애초에 얼씬도 못 하는 구조거든요. 의사들이 독점하고 있는 구조인데, 의료 소비자 입장에서 생각한다면 접근 권한을 더 나눌 필요가 있다고 봅니다.

발병 원인에 대해서도 의료계에서 여러 견해가 분분하지 않은지요?

김: 저희 가정의 경우, 아이들에게 폭력을 행사한 적이 없거든요. 성장 환경, 특히 가족 관계를 놓고 볼 때는 별다른 요인이 없는 거 같아요. 그러니까 우리 아이들은 어떻게 보면 타고난 약함이 있지 않았나 싶어요. 생물학적인 취약성이나, 굳이 찾자면 유전적인 요인일 수도 있겠죠. 다만 유전적 요인은 아직 확실하게 밝혀진 단계는 아닌 듯하지만, 생물학적 취약성은 의학적으로 대다수가 인정하는 분위기입니다. 거기에 더해, 일반적으로는 부모와의 애착 관계 등 환경적인 요인이 작용할 수 있겠죠. 그런데 지금 우리 가족도 그렇고 조울증 환우들이나 그 부모들을 보게 되면, 정말 무엇이 문제였는지 이유를 알 수 없는 사례들도 많다는 거예요.

그런 경우에는 상담을 요청하는 분들도 원인을 알 수 없어서 굉장히 답답해 하실 것 같은데요.

고: 이유를 찾을 수 없고, 원인을 알 수 없기 때문에 실수를 많이 하곤 하지요. 이 병은 지능이 뛰어나거나 가정 환경이 좋은 사람도 피해 갈 수 없는 질병이에요. 부모들은 이런저런 말을 들을 때마다 여러 방법으로 해결하려고 하다가 효과가 없으면 병원에 강제로 입원을 시키는데, 그 과정에서 자녀들과 회복될 수 없는 관계가 되기도 하지요.

대다수는 자녀를 입원시켰을 때 자녀에게서 계속 전화가 와요. 죽고 싶을 만큼 힘들다, 국가인권위원회에 고발하겠다, 제발 여기서 빼달라 등 갖은 말로 부모를 설득하고 협박하는 거예요. 우리도 그랬어요. 그런데 그 자체가 하나의 증상이에요. 우리는 "너를 위해 이제는 전화도 안 받을 거야"라고 말하고 초반 한두 주는 전화도 받지 않았어요. 그런데 마음이 약한 부모들은 자녀들이 그렇게 나오면 불쌍하고 괴로워서 퇴원을 시키거든요. 그러면 의사들 입장에서 볼 때는 황당한 거예요. 자녀의 증상이 한창 고조되었을 때 집으로 돌아가는 거니까요. 그러면 다시 가족들을 힘들게 하고, 가족들은 감당이 더 안 되고요. 악순환이죠. 다른 병원이라는 더 낯선 환경으로 입원할 수밖에 없는 상황이 되면서 악화가 되죠. 이런 유형이 꽤 많아요. 부모가 아이에게 완전히 잡힌 사례라고 할 수 있어요.

엄하고 단호한 사랑이 필요할 때

그런 부모들에게는 어떤 조언을 해주시나요?

고: 필요한 경우, 부모는 자녀를 제압하기 위해서 공권력도 동원할 마음의 준비가 되어 있어야 합니다. 그 점을 미리 자녀에게 잘 이야기해 줄 필요가 있어요. 네가 난동을 피우고 횡포를 부리면 우리 모두 다칠 수 있다, 우리는 너를 사랑하지만 너를 위해서라도 그럴 땐 공권력을 부를 수밖에 없다고 알아듣게 설명하고, 실제 그런 상황이 왔을 때 행동으로 보여 줘야 해요. 말로만 설명하는 것으로는 절대 자녀를 당해 내지 못해요. 폭력을 한 번 용인하게 되면, 폭력의 크기는 점점 더 커지거든요. 그리고 가족들이 이 질병에 대해 기본적인 의학 지식을 갖추고 있어야 해요. 그것을 기준으로 해나가야 치료가 적절하게 이뤄질 수 있기 때문이에요.

머리로는 그렇게 해야 한다는 걸 알고 있다 해도, 실제로 단호하게 공권력을 통해서까지 자녀를 입원시킬 부모가 몇이나 될까 하는 의문이 듭니다.

고: 저도 처음에 아들을 입원시키고 나서 많이 울었어요. 제가 감정을 드러내거나 잘 우는 사람은 아니거든요. 저나 아내 모두 감정 기복이 있는 사람들이 아니라서 눈물을 흘렸다는 것은 정말 드문 일

인데, 첫아이를 강제로 입원시키고는 정말 많이 울었어요. 그때는 '정신병원에 집어넣는다'는 개념이 통용되던 시절이었으니, 입원에 대한 제대로 된 개념도 없을 때였죠. 지금 같으면 당연히 그렇게 무식한 방식으로는 입원시키지 않았겠지요. 덩치 큰 남자 간호사들에게 잡혀서 끌려가고 철장문 닫히는 소리가 나고, 맞는 소리도 나고, 비명도 들렸고요. 그때 1층 로비에서 제가 털썩 주저앉아 울었어요.

모든 질병이 마찬가지겠지만, 조울증이야말로 가족의 역할이 중요한 것 같습니다.

고: 치료에서 가장 중요한 것이 부모, 특히 가족하고의 관계인 것 같아요. 환자가 자녀일 경우는 부모와의 관계가, 배우자일 경우에는 배우자와의 관계가 제일 중요해요. 이 질병에 대해서 얼마나 알고 있느냐에 따라서, 증상이 발현되었을 때 어떻게 대처하느냐가 정해지거든요. 둘째가 자기를 재림 예수라고 했을 때, 제가 "그럼 나는 예수 아빠니까 하나님이냐?" 하고 비아냥거렸어요. 그 말에 얘가 부엌에서 식칼을 들고 왔어요. 그때 아들을 보면서 제가 미안하다고 사과하고는 꼭 안아 줬어요. 이 사연을 들은 분들 중에 어느 분에게서 어떻게 그렇게 할 수 있었냐면서 연락이 왔어요. 비슷한 상황에서 자기들은 "미친놈"이라고 하면서 자식을 쫓아냈다고 하면서요.

자녀를 생각할 때면, 주변의 시선이나 장래의 진로 등과 관련해 여러 종류의 두려움이 있었을 것 같은데요.

고: 보통 자녀를 키울 때 크리스천 부모로서 가장 큰 두려움은 '이 아이가 예수님을 안 믿으면 어떻게 하나'가 아닐까 합니다. 특히 저는 선교사로서 사역을 하고 있으니까, 그런 두려움이 당연히 있었죠. 또한 '공부를 안 해서 경쟁에서 밀리면 어떻게 하나' 하는 여느 부모와 같은 두려움도 있었어요. 그런데 두 아이의 발병 이후에는 가장 큰 두려움이 '스티그마'(stigma), 즉 낙인이었던 거 같아요. 정신질환을 겪고 있는 아이들에게 따라붙는 낙인이나 부정적인 꼬리표를 어떻게 해야 하나 막막했죠.

저는 특별히 이모가 조현병을 앓으며 겪은 일들을 알고 있었거든요. 이모는 정신질환 때문에 무난한 결혼 생활을 하지 못하고 이혼을 했고, 그다음에 재혼을 했지만 나중에는 결국 스스로 생을 마감하고 말았어요. 자녀가 둘이나 있었는데도요. 사실 집안 환경은 굉장히 좋았어요. 제 외할머니가 그 당시 몇 안 되는 양학 의사였고, 저희 어머니도 음대를 다녔을 정도로 전반적으로 넉넉한 형편이었어요. 그런데 늘 그 이모 때문에 고심하고 걱정하던 모습이 기억납니다. 여동생이 사고를 치면 그것을 수습하려고 어머니가 한밤중에도 나가시곤 했으니까요. 제가 그런 모습을 봤으니까, 당연히 우리 아이들의 인생도 이모처럼 순탄하지 않을 거라는 두려움이 있었던 거죠. 제대로 안

게 아니라, 어렴풋하게 알았기 때문에 더 두려웠던 겁니다.

이건 좀 다른 종류의 두려움일 수 있는데요. 한번 가정해 보세요. 부모님 중에 한 분이 급성 치매에 걸리셨다면 어떨까요. 근심 걱정과 두려움이 많이 생기겠지요. 그런데 자녀에게 발병했을 때의 두려움은 노인들의 경우와는 또 차원이 다른 거예요. 차이가 굉장히 커요. 물론 나이가 들어서 정신질환이 걸린 것도 고통스럽고 두려운 일이죠. 그러나 이제 십대, 이십대 자녀들에게 이런 일이 생긴다는 것은 교육이나 장래 문제에 연결이 되는 일이잖아요. 부모의 질환 소식을 듣는 것보다 그 두려움이 몇 배는 더 크다고 할 수 있지요.

앞서 이야기한 사회적 스티그마 측면에서도 생각해 볼까요. 사회적으로 치매는 어느 정도 용납되는 것 같아요. 국가 차원에서도 치료를 지원하고 자료도 많지요. 반면에 조울증, 조현병 등은 아직도 사회적으로 부정적인 낙인이 찍히거든요. 같은 맥락에서 이 질환으로 인해 우리 아이들이 이 사회의 '루저'가 되는 거 아닌가 하는 두려움이 있지요.

'두려움'과 동행하는 삶

일단 두려움에 휩싸이면 판단력이 흐려져서 냉철하고 바르게 분별하고 결정해야 하는 중요한 상황에서 잘못 대처할 수도 있지 않나 합니다.

김: 두려움에 어떻게 대처하느냐가 치료의 성패를 좌우한다고 해도 과언이 아닐 거예요. 둘째 하림이는 종교망상이 나타났기 때문에 귀신 들린 거 아닌가 하는 두려움이 있었는데, 그때 우리가 발견한 행동이 몇 가지가 있었어요. 처음 발병을 눈치채지 못했을 때에도 이상하다 싶은 모습이 있었는데요, 사탄을 보았다고 이야기하거나 지옥불에서 고통당하는 사탄이 불쌍하다는 따위의 이야기를 했거든요. 돌이켜 생각해 보면, 눈빛도 좀 이상했어요. 그리고 같은 말을 계속 반복해서 하기도 하고요. "아빠는 정직하고 엄마는 사랑이 많고 형은 순수해서 우리 집은 잘 될 거야" 하면서요. 좋은 말이었는데, 방을 들락날락하면서 그 말을 계속 반복했어요. 그걸 보고 첫째가 '조증이 온 것 같다'고 알아본 거죠. 물론 하림이가 그랬을 때가 2천 명 정도 참석한 수련회에 다녀온 뒤라서 은혜를 받은 것일 수도 있다는 가능성은 열어 두었어요. 정말 조증이 온 거라면 이상한 행동을 할 것이고, 은혜를 받은 거라면 좋게 바뀌는 모습이 있을 테니까 지켜보자고 했지요. 그런데 다음 날부터 이상해지더라고요. 쿠션으로 얼굴을 가리고 방에서 나오면서 "사탄이 우리를 공격하려고 한다" "엄마 아빠를 보호해야 한다"라고 하는 거예요.

고: 그때 아는 목사님이 와서 기도를 해주셨는데, 그분도 경험이 많이 없으니까 '예수 그리스도의 이름으로 사탄아 물러가라!' 외치는 식의 기도를 많이 했죠. 그러다가 귀신을 쫓아내는 축사(逐邪) 기도로

전 세계에 유명한 목사가 한국에 왔을 때, 둘째를 데리고 찾아갔어요. 그 목사가 둘째를 보더니 귀신 들린 게 아니라면서 병원에 데려가는 것이 좋겠다고 하더라고요. 아주 정확하게 본 거죠.

그런데 하림이가 이제는 정신병원에 가야 한다는 두려움 때문에 주차장에서 도망을 친 거예요. 거기가 서울 코엑스 건물이었는데, 주차장이 어마어마하게 넓거든요. 차들은 막 드나들고 도망가는 아들을 잡으려고 가족들이 뛰어다니고 몹시 고생을 했어요. 겨우 붙잡아 병원에 데리고 갔지요. 그때는 입원을 하거나 그런 때는 아니고 의사에게 진단을 받고 조울증 약을 받는 정도였어요. 일단 귀신 들린 것은 아니구나 싶어 감사하기는 했는데, 그 후에도 증상이 발현되면 기도회 중에도 난동을 부린다든가 하는 어려운 일들의 연속이었죠.

앞날에 대한 두려움은 모든 이들이 지닌 것이기도 합니다. 쉬운 문제가 아닌데 어떻게 대처할 수 있을지, 대처가 가능하긴 한 것인지 궁금합니다.

고: 앞에서 얘기한 식칼을 들고 위협을 하는 일이 그 뒤로도 반복될 수 있는 거잖아요. 언론 보도에도 가족이나 이웃을 해쳤다든가, 행인을 괴롭혔다든가 하는 일들이 종종 기사로 나오니까요. 그런 일이 우리 집에도 발생할 가능성이 없지 않으니까, 그런 일이 일어날 것에 대한 두려움이 컸어요. 유전 가능성이 있다는 것을 생각하면 특히 미래에 대한 두려움은 쉽게 이겨 낼 수 없는 것 같아요. 특히 우리 아

이들이 결혼하고 나서 생긴 두려움이 있었어요. 무엇보다 첫째네 부부는 세 명의 아이를 낳았어요. 처음엔 기가 막혔죠. 축하할 수도, 안할 수도 없으니까요. 증상이 나타나면 자기 한 사람도 컨트롤하기가 어려운데 자녀를 잘 돌볼 수 있을까 하는 걱정이 있었고, 어린 손주들에게 대물림이 되면 어쩌나 생각하면 두려움이 엄습하죠. 그러나 두 아이들 모두 아내를 잘 만났어요. 며느리들이 가정을 잘 이끌어 주고 있으니 참 감사해요. 첫째네 부부가 믿음으로 아이를 낳았다고는 하지만, 그들 나름으로 합리적인 이유가 있더라고요. 우선 유전되는 병은 아니라는 것, 다음으로는 자녀에게 그런 질병이 나타난다 하더라도 그 병을 먼저 겪었기에 조기에 발견할 수 있을 거라는 점이었어요. 셋째로는 세월이 흐를수록 좋은 약이 더 많이 개발될 거라는 이유였죠.

말씀을 듣다 보니, 어느 정도는 앞날의 두려움에 대해 냉정하고 합리적인 사고와 판단으로 대처할 수도 있겠구나 하는 생각이 듭니다. 그러면서 다른 한편으로, 역시 어떤 상황에 대해서건 두려움의 문제는 누구도 쉽게 극복하거나 해결할 수 있는 사안은 아니겠다 싶기도 합니다.

고: 자녀들이 많이 좋아졌다고는 하지만, 완전히 자립할 수 있는 상황이 아니라서 계속 지원을 해야 합니다. 지금 〈조우네 마음약국〉 유튜브 방송을 하면서는 풀타임 직업을 가질 수가 없어요. 방송에 엄

청난 시간과 노력이 들어가거든요. 지금 이 방송을 통해서 여러 사역과 사업이 파생되고 있어요. 최근 몇 년 사이에 일어나는 변화들입니다. 제가 그동안은 '지성사회 복음화'를 외치면서 살았는데, 이제는 '정신질환자 복음화'를 비전으로 갖게 되었어요. 그러다 보니 우리 아이들에게 다른 거 신경 쓰지 말고 일단 〈조우네 마음약국〉 일에만 집중해라, 다른 데 가서 돈 벌면 얼마나 벌겠냐, 지금은 이 일의 체계를 더 안정화하고 다음 단계의 인도를 구하자고 이야기합니다. 제가 볼 때 두려움의 극복은 신앙의 영역일 수밖에 없어요. 여기까지 우리를 이끌어 주신 주님을 신뢰하면서 다음 단계를 맞이하는 거죠.

물론 완전한 극복은 없는 것 같아요. 이러다가 혹시 지금 내가 쓰러지면 어떻게 될까 하는 두려움이 생기기도 해요. 지금까지 건강 때문에 두려워한 적은 없었는데, 근래에 요로결석, 알레르기, 당뇨 등이 한꺼번에 오다 보니까 그런 두려움도 생기는 거예요. 아직 심하지는 않아요. 아주 약간의 두려움이죠. 병원을 다니는 게 처음이니까 받아들이기가 좀 낯선 상황일 뿐이에요.

와이 미? 와이 낫 미!

평생을 '지성사회 복음화'를 위해 매진해 오셨습니다. 그런 가운데 자녀들의 질병에 관해서도 신앙적인 해석을 분명 구하셨을 텐데요.

고: 신명기 28장 28절을 보면 정신질병이 언급됩니다. "여호와께서 또 너를 미치는 것과 눈 머는 것과 정신병으로 치시리니." 개역개정판의 이 구절을 새번역으로 보면 이렇습니다. "주님께서는 당신들을 미치게도 하시고, 눈을 멀게도 하시고, 정신착란증을 일으키게도 하실 것입니다." 그런데 신명기 28장 전체를 보게 되면 전반부는 말씀을 잘 지키면 축복받는다는 내용이고, 15절 이하는 말씀을 지키지 못하면 저주를 받는다는 내용이거든요. 28절은 저주받을 내용을 말하는 중에 정신질병을 언급한 것인데, 성경에 나오는 정신질병과 관련해 가장 직접적으로 기록된 말씀입니다.

그런데 이런 말씀을 보면 무엇보다 몹시 괴로워요. 내가 뭘 잘못했나 하면서 회개를 많이 하게 되죠. 분명히 회개하게 되는 부분은 있어요. 그런데 한편으로는 내 죄가 그렇게 저주까지 받을 만큼 중한 건 아닌 듯한데 억울한 마음이 들기도 하지요. 그러다가 바로 앞 구절인 27절을 보면 "여호와께서 애굽의 종기와 치질과 괴혈병과 피부병으로 너를 치시리니 네가 치유받지 못할 것이며"라고 되어 있거든요. 그러니까 27절의 맥락에서 이어지는 28절의 '정신질병'은 종기, 치질, 피부병 등과 같은 층위의 질병인 거예요. 이런 맥락에서 정신질병을 보아야지, 특별히 정신질병만을 재앙이나 저주로 보는 관점은 맞지 않는 거예요. 그러나 현실은, 교회에서는 특히 정신질병이 하나의 스티그마(낙인)로 작동한다는 겁니다.

그런 점에서 여전히 한국 교회에서는 정신적·정서적 질환을 성숙하게 대처하거나 올바른 관점으로 소화하지 못하는 분위기로 보입니다.

고: 바로 그 점이 제가 인생 후반기에 들어 바꾸고 싶은 부분입니다. 질병이 왔을 때는 우선 바르게 해석하는 게 아주 중요하지요. 특별히 사회적으로는 물론 신학적으로도 스티그마가 뒤따르는 정신질환의 경우는 더욱 그렇죠. 요한복음 9장 1절에서 3절을 보면, 예수님이 길을 가시다가 "날 때부터 맹인 된 사람"을 만나는 장면이 나옵니다. 제자들이 이 사람을 두고 시각장애인으로 태어난 이유를 물으니까(2절), 예수님이 누구의 죄도 아니라면서 하나님의 일, 하나님의 영광을 나타내기 위한 것이라고 말씀하시잖아요(3절). 이 말씀이 어떤 의미를 담고 있는지 이제 알 것 같아요. 두 아들이 겪는 정신질환을 곁에서 지켜보고 함께 겪어 오면서, 하나님의 일을 나타낸다는 게 과연 무엇일까 계속 골똘하게 생각하게 되었거든요.

그렇다면 두 자녀의 질병에 대해 정말 오랜 시간 동안 온 삶으로 씨름하면서 묵상하신 내용일 텐데요. 좀 더 구체적으로 얘기해 주신다면요.

고: 두 아들의 정신질환에 대해 오랫동안 묵상해 온 저 나름의 성경적 관점을 정리하면 이렇습니다. 첫째, 두 아들의 정신질환은 조상들의 죄나 나 자신의 죄 또는 당사자인 두 아들의 죄와 관련이 있

을 수 있다. 저는 이게 성경적인 관점이라고 생각해요. 우리들의 죄와 관련이 있을 수 있기 때문에 저와 두 아들이 가장 먼저 해야 할 일은 진정한 회개라는 거예요. 회개의 중요성이나 예수님의 이름으로 하는 진정한 회개가 가져다주는 용서의 힘을 제가 왜 모르겠어요. 그런데 한 명도 아니고 두 아들이 모두 이런 일을 겪으니까 회개가 쉽지 않더라고요. 아니, 어디까지 회개해야 할지 혼란스러워지는 거죠. 큰애는 네 번, 작은애는 열세 번 입원을 하면서 우여곡절을 겪다 보니 회개가 부족했나 하는 생각이 들더라고요. 그러다 보면 조상들의 죄까지도 회개를 하게 되는 거지요. 이런 상태가 지속되다 보면, 녹다운 될 수밖에 없어요. 입원이라는 큰 사건이 있을 때는 없는 죄까지도 만들어서 회개를 하는 거예요. 강박에 시달리게 되는 거지요.

그런데 한편으로는 예수님의 절대 주권 안에서 두 아들의 정신 질환은 어느 누구의 죄도 아닐 수 있다고 보는 거지요. 누군가의 죄 때문이 아니라 예수 그리스도의 절대 주권 안에서 일어나는 일로 받아들이는 관점이지요. 하나님이 소위 말하는 '평범한' 사람들만 만드는 게 아니라, 우리 아들들 같은 사람도 만드신다는 겁니다. 선하시고 사랑이신 그 하나님이 그렇게 창조하셨다는 거잖아요. 물론 이런 말은 단편적으로 전달되면 크리스천들조차도 이해 못 할 수 있어요. 다만 '왜 나에게 이런 일이 일어납니까?'라고 묻는 것은 어쩌면 굉장히 자기중심적인 사고라는 거예요. 교통사고가 1년에 수만 건이 일어나는데 왜 나에게는 교통사고가 나서는 안 된다고 생각하는 걸까요?

우리나라의 사망 원인 1위가 암인데 왜 내 인생에 암이 찾아오면 꼭 이유가 필요한가요? 성경을 묵상하면서 '와이 미?'(Why me?)라는 물음이 잘못되었을 수 있다는 것을 깨달았어요. '와이 낫 미?'(Why not me?)라고 물을 줄도 알아야 한다는 거지요.

결론적으로, 어떤 경우이든 아주 명백한 제 신앙의 고백은 두 아들의 정신질환은 하나님의 일, 하나님의 영광을 나타내기 위한 것이라는 사실입니다.

방금 하신 얘기를 듣다 보니 헨리 나우웬의 '상처 입은 치유자' 이야기가 떠오릅니다.

고: 우리는 〈조우네 마음약국〉을 시작하면서부터 실제로 그렇게 쓰이고 있어요. 믿음을 가진 조울증 환자들이나 그 가족들에게도 지금 이런 이야기들은 이해가 안 될 수 있어요. 참새 한 마리도 하나님 허락 없이 떨어지지 않는다고 하는데, 한 집안에 어떻게 둘씩이나…. 거기에는 분명한 하나님의 계획이 있다고 이제야 깨닫는 거죠. 최근에야 이렇게 받아들이고 정리하게 된 겁니다. 그렇다고 완전히 해결되거나 해소된 것은 아니고, 두려움은 늘 우리 삶의 저변에 혼재해 있어요. 그런 가운데 견뎌내며 살아가는 거고요.

진짜 감당할 수 없는 어려움을 겪으면 사람이 굉장히 단순화되면서 그 많던 심오한 성경 구절 중에서도 몇 가지 딱 단순한 말씀만 붙잡게 되더라고요. 하나님의 성품으로 볼 때 우리에게 나쁜 것을 주시는 분은 아니기 때문에, 그분이 우리를 사랑하신다는 것, 그거 하나를 꽉 붙잡았어요. 그래서 우리가 지금은 알 수 없지만, 선하신 하나님은 모든 것을 협력케 하여 선을 이루실 것이라는 믿음으로 살아가는 거지요….

곁이 되어 주는
이가 있는가

4

유튜브 콘텐츠 〈조우네 마음약국〉은 실시간 방송과 채팅을 통해
정신질환자들이 서로의 아픔을 나누는 통로가 되고 있다. 이 채널을 통해
지인들에게 쉽게 꺼낼 수 없었던 절박한 사연들이 쏟아진다. 채팅은 곧
상담으로 연결되고, 만남과 치유의 길로 이어진다. 그 공간에는
말이 끝날 때까지 기꺼이 들어 주는, 같은 아픔을 겪는 이들이 있다.
이 참신한 소통 공간이 어떻게 확장될 수 있을지 궁금했다. 이 공간을 통해
정신적·정서적 약자들을 품으려는 가족과 친구, 교회 공동체가 배워 가야 할
모습을 발견하고 싶었다. 다양한 이들이 함께 어울려 살아가기 위한 공동체의
필수 조건은 무엇일까? 서로가 있는 그대로의 모습을 보여 주고,
한계를 인정하면서, 겸손하고 끈질기게 곁을 내어 주는 것 아닐까?

아픔을 이해받는 공간, 〈조우네 마음약국〉

앞선 인터뷰에서 〈조우네 마음약국〉이 줌(zoom)을 통해 실시간으로 온라인 채팅 상담을 한다고 얘기하셨는데요. 줌이라는 도구가 서로의 아픔을 이해받는 통로로 쓰인다는 점이 인상 깊게 다가왔습니다. 구체적으로 어떻게 진행되는 것인지요?

김: 줌 채팅 상담에 참여한 이들이 서로 대화를 주고받는 거예요. 이른 바 눈팅만 하는 사람들도 있어요. 저마다 아프고 힘들었던 자기 경험을 채팅 창에 올리는데, 구구절절 정말 한 사람 한 사람의 스토리가 너무 힘겹고 어마어마해요. 이런 경우는 특별한 상담 기술이 필요하기보다는 말하는 이의 이야기를 들어 주는 게 일인 거예요. 1시간 상담을 한다고 하면, 50~55분 동안을 그분들의 사연을 들어

줘야 하는 거죠. 쉽게 얘기해서, 당사자들의 한이 풀릴 때까지 들어 준다고 생각하면 됩니다. 그분은 어디서도 하지 못하는 이야기를 비로소 이 온라인 공간에서 처음으로 하는 거예요. 전 어디에서도 듣지 못한 그분만의 이야기를 듣고 있는 거고요.

정신질환 관련해서는 특히 오해와 편견, 사회적 낙인이 적지 않다 보니 환자와 가족들은 꼭꼭 숨어 있는 경우가 많은데요. 그런 분들에게 이런 줌 모임이나 온라인 상담, 그리고 〈조우네 마음약국〉 같은 방송은 정말 사막의 오아시스 같은 거지요. 그렇게 관계 맺은 분 중에서 예배로 모이는 아둘람 모임에 나온 분들이 꽤 있어요. 어떻게 보면, 무에서 유를 만드는 시간이죠.

병을 앓고 있는데도 주변에 알리고 도움을 구하기보다 숨기거나 꼭꼭 숨어 있어야 한다는 사실이 너무 큰 어려움 아닌가 합니다. 그래서 어떤 치료 과정을 밟아야 할지 결정하는 일도 어려운 것 같고요.

고: 최근에 정신질환을 바라보는 고정관념이 긍정적으로 변하고 있다고 해도 아직 갈 길이 멀어요. 정신질환이 뇌의 문제라는 걸 적지 않은 사람들이 알게 되었고 약물 치료의 중요성도 많이 알려졌지만, 뇌 질환으로만 보기에는 어렵다는 새로운 관점들도 계속 생겨나고 있어요. 그래서 이 병을 보는 당사자나 가족, 의사는 물론 누구든지 이 질병에 관해 이야기할 때는 겸손해야 한다고 생각해요. 특별히

다른 사람의 질병에 대해 이야기할 때는 더더욱 겸손해야겠지요.

어쨌든 뇌 질환으로 보는 관점이 현재로는 가장 과학적이라고 알려져 있으니까, 뇌에 관해 이야기를 해볼게요. 뇌가 우리의 장기 중에 가장 민감한 부위이고, 특히 외부 환경이나 스트레스에 제일 민감하게 반응하는 기관이잖아요. 스트레스 때문에 이 병을 겪은 사람들은 겉으로는 멀쩡한데 조그만 스트레스가 와도 굉장히 예민하게 반응합니다. 상식적으로 볼 때는 '저 정도면 그냥 넘어갈 수 있지 않을까' 하는 문제에도 쉽게 흥분을 하는 거죠. 주변에서는 이상하게 볼 수 있는데, 그 사람을 잘 알고 있거나 이 질병이 뇌 질환이라는 지식이 있는 사람이라면 조금은 더 이해의 폭이 넓어지겠죠. 그래야 환자들이 숨어 있지 않아도 되는 환경이 조성될 수 있는 거고요.

본질적인 면에서 보자면, 다른 장기나 신체 부위가 '아프다'라고 하는 경우와 같다고 볼 수도 있지 않을까요?

고: 그렇게 접점을 만들어서 이해하는 방향도 있겠죠. 예를 들어, 다리뼈가 금이 가거나 부러졌을 때를 생각해 보자고요. 치료를 통해 뼈가 다시 붙더라도 다치기 전처럼 움직일 수는 없을 거예요. 여전히 아플 수 있고, 잔상이 뼈나 몸에 남게 되지요. 뼈를 다쳐도 그럴진대, 뇌에 한 번 상처가 났다? 그 아픔과 예민함은 두말할 필요가 없는 거지요. 그러니까 겉으로는 정말 아무 문제 없어 보이던 사람도, 트리

거(계기)가 한 번 딱 작동되면 증상이 발현되는 거예요. 그래서 회복이 되더라도 다시 직장에 나가서 2~3개월을 버티지 못해요. 이건 많은 환자가 겪는 공통적인 어려움인 것 같아요. 증상은 없지만 대인관계를 이어 갈 근력이 갖춰지지 않은 거죠. 어떻게 보면, 다리를 심하게 다쳤던 사람이 평생에 걸쳐 육체노동에 핸디캡을 안게 된 경우보다 더 어려운 상황인 거죠.

새삼 정신질환을 겪는 분들의 생활이 무척 어렵겠다는 생각이 듭니다. 직장 내 스트레스는 거의 모든 사람이 겪는 어려움이니까요.

고: 직장에서 무척 힘들지만, 질병을 숨기면서 잘 해내는 사람들도 있을 거예요. 그렇지만 힘든 것은 마찬가지이죠. 10여 년간 이 병을 앓으면서도 아르바이트를 꾸준히 하면서 9급 공무원이 된 케이스도 있어요. 저와 한 달에 한두 번 안부 전화를 나누던 살가운 청년이었어요. 공무원이 된 지 10개월이 되었는데, 그 아버지에게서 전화가 왔어요. 우울증이 심해져서 출근을 못 하고 있다고요. 공무원이기 때문에 병가에 대해 다른 일반 기업들보다는 조금 더 이해를 받을 수도 있겠지요. 그런데 어느 날 집에서 큰 소동을 일으킬 정도로 증상이 나타나서, 그 청년과 가족들이 모두 어려운 시기를 보냈다고 하더라고요. 사실 연락을 받기 2~3주 전에 그 친구와 스피커폰으로 통화를 했는데, 그때 아내가 목소리를 듣더니 "경조증이 온 것 같다"라고 얘기

했었거든요. 저는 그렇게까지는 느끼지 못했는데, 결과적으로 아내 판단이 맞았던 거죠. 그 친구는 경조증에서 우울증으로 넘어가는 유형이었던 거예요.

'파도타기'의 기술이 필요하다

이런 경우에 당사자는 어떻게 대처해야 하는 걸까요? 상태가 안 좋아졌다고 해서 일을 쉽게 그만둘 수도 없고, 그렇다고 무턱대고 쉴 수도 없을 것 같은데요.

고: 다행히 며칠 뒤에 그 청년과 통화가 되었어요. 아주 어려운 시기는 지났으니까 전화를 받은 거지요. 그때 이 친구가 하는 말이 "죽다 살았어요" 하더라고요. 그러면서 1년 정도 병가를 낼까 고민이라는 얘기를 했어요. 그 말에 제가 그랬어요. "1년은 너무 긴 것 같다. 어차피 와야 할 파도가 덮쳐 온 건데, 이번에는 파도타기가 좀 미숙했던 것 아니냐. 그러니까 실수로 물에 한 번 빠졌다고 생각해라." 그랬더니 한 달 정도만 휴가를 내겠다고 하더라고요. 일반 기업이면 어려울 텐데 공무원이니까 한 달 정도는 용인이 되는 거지요.

'파도' '파도타기'라는 표현을 쓰시니까 시각적으로 확 다가오는 느낌입니

영화를 활용한 사람돌봄이론 교육프로그램

블라인드 사이드 : 네이버 시리즈온

바베트의 만찬

굿 윌 헌팅

킹스 스피치

패치 아담스 : 네이버 ;

희망은 너를 사유롭게 하리

다. 질환의 당사자나 가족이 어려운 시기를 어떻게 바라보고 대처해야 할지 말이지요.

고: 그 청년이 그동안 일을 정말 잘했다고 들었어요. 공무원이 되고 10개월 동안 일을 하면서 만족도가 높았거든요. 담당하는 업무 분야에서 나름 인정도 받는 것 같았고요. 그래서 안심하고 있었는데, 이렇게 갑자기 거친 파도가 들이닥친 거예요. 그런데 어느 정도 마음의 준비가 되어 있으면, 파도가 올 것 같을 때 '이제 오겠구나' 하면서 자기 상태를 분별하고 그 상황에 대비할 수 있어요. 즉 파도타기를 하는 건데, 약을 먹는다거나 의사를 찾아가거나 하는 적극적인 방법이 있겠지요.

그런 면에서는 복음하고 비슷한 면이 있지 않나 해요. 자신이 죄인인 걸 모르면 구세주를 필요로 하지 않잖아요. 근데 죄인이라는 걸 알게 되면 성경 말씀을 통해 어렴풋이 어떻게 죄성을 다스리며 살아야 할지 알게 되고요. 조직신학적으로 좀 더 명확해지면 내가 정말 죄인이구나 깨닫게 되는 거지요. 반면에 죄의식 자체가 없으면, 아무리 성경의 핵심을 들이대도 받아들이지 않아요. 병을 앓아도 병에 대한 지식과 정보가 잘 정립이 안 되어 있으면, 일상도 치료도 더 어려워지는 거죠. 결국 병에 대한 인식이 생겨야 비로소 치료의 길도 열린다는 얘기입니다.

예외 없이, 누구나 정신질환에 대비하고 있어야 한다는 얘기로도 들립니다.

고: 개인적으로는, 사춘기 자녀를 둔 부모들은 상식적으로 정신질환에 대해서 알고 있어야 한다고 봅니다. 자녀들의 성격이나 행동이 좀 이상하게 나타나도 사춘기니까 그런 거라고 대수롭지 않게 여기고 넘어가는 경우가 많아요. 애초에 정신질환이라고 의심해 보지는 않는 거지요. 그렇게 되면 치료 시기가 늦어지고 병을 더 키우게 됩니다. 그런 것을 분별할 수 있는 눈은 가질 수 없다 하더라도, 기초적인 정보나 이해라도 가지고 있다면 병이 커지는 것을 막을 수 있겠죠. 조기에 발견하면 그만큼 치료 가능성도 높아지는데, 잘 모르고 방치함으로써 병을 키우는 경우가 의외로 참 많아요. 자녀가 사춘기 때으레 반항하고 날카로워지는 것과 정신질환의 증상을 혼동하기가 쉽거든요.

병을 조기에 발견하려면 어떻게 해야 할까요? 구체적인 방법이나 식별 가능한 증상이 있는지 궁금합니다.

고: 요즘 외국에서는 아이들이 그린 그림을 보고 증상을 파악함으로써 조기에 개입할 수 있는 환경도 조성되고 있어요. 우리나라는 아직 어려운 것 같고요. 무엇보다 우선되는 건 부모가 자녀들과 자주 눈을 맞추고, 이상 징후가 보이면 관심을 두고 지켜보다가 적절하게

개입하는 게 조기 발견과 치료를 가능하게 하는 길이겠지요. '조울증' 이라고 하면 대다수 사람들이 감정이 하루에도 몇 번씩 오르락내리락 기복이 있는 걸로 알고 있어요. 그런데 사람마다 다 달라요. 우리 첫째 하영이 같은 경우는 6개월 동안은 우울증, 그 뒤 6개월은 조증 증상을 보였거든요. 1년에 업-다운의 변화가 한 차례씩 일어난 거죠. 긴 우울 끝에 경조증이 나타나는 유형도 있어요. 하영이의 경우, 조증이 더 문제가 되었어요. 유형과 주기는 굉장히 다양해요. 그러니까 가족의 관심이 제일 중요하지요. 그것도 아주 지속적이고 꾸준한 관심 말이에요.

그런 점에서 좋은 가족의 역할과 중요성은 아무리 강조해도 모자람이 없을 것 같습니다.

고: 큰며느리가 이런 말을 한 적이 있어요. 우리가 아니라 다른 부모였다면, 우리 아들이 어디 외딴 곳에 갇혀서 혼자 지내고 있었을 거라고요. 사실 일주일에 하루라지만, 사역을 하면서 수요일을 빼서 '가족의 날'로 지키는 게 쉽지는 않았어요. 그렇지만 우리 부부와 아이들 사이의 관계를 지켜 내는 아주 중요한 시간이라고 여겼기 때문에 최후의 보루라는 생각으로 지켜 냈어요. 사역자가 수요예배에 빠지는 게 사실 쉬운 일은 아니잖아요. 때로는 몸은 아이들과 있지만 머리는 일 생각을 하고 있어서, 아이들과 노는 게 부담스러울 때도 있었

죠. 아내도 월화목금만 일했는데, 오히려 그게 장기적으로 일할 수 있었던 비결 중 하나가 아니었나 싶어요.

김: 그런데 우리는 나름대로 희생했다고 생각했지만, 아이들한테 엄마가 '나의 엄마'였던 적은 별로 없었던 것 같아요. 유치원을 운영하고 있었기 때문에 엄마는 항상 다른 아이들 사이에 있었지요. '공유된 엄마'라고 할까요? 그러한 상황이 주는 섭섭함이나 아쉬움이 분명 마음에 가득했을 거예요. 그걸 몰랐어요. 둘째가 엄마를 "선생님"하고 부르면서 다른 애들 앞에서 '우리 엄마가 원장님이야' 하는 식으로 자부심을 느낀다고만 생각했었죠. 그 이면이 있었나 봐요. 돌이켜보면 미안해요. 온전히 엄마로서 있어 주지 못했구나 하는 아쉬움이 있어요.

일반적으로 정신질환의 경우 부모, 특히나 엄마에게 책임을 돌리는 문화가 있지 않나 합니다. 양육방식에 문제가 있어서 그랬다느니, 애정결핍 때문이라느니 하는 말들이 그런 예가 아닐까요?

김: 양육방식이나 애착관계가 영향이 없지는 않겠지요. 공부를 해보니까 극단은 피하는 게 좋은 것 같아요. 너무 강압적이거나 너무 방치하는 식의 양 극단은 모두 아이들에게 많은 스트레스를 주거든요. 한번은 우리 하림이가 조증이 터졌을 때 지하철에서 막 큰소리

로 전도를 하고 돌아다닌 거예요. 평소에는 수줍음이 많은 아이거든요. 그때 지하철에서 그 장면을 본 한 중년 여성이 아이를 뒤쫓아 우리 집까지 따라와서는 엄마를 찾더라고요. 그러더니 저를 보고 아이를 너무 강압적으로 키우지 말라고 얘기하시더군요. 그 말을 듣고 깜짝 놀랐어요. 도리어 저는 그 반대였거든요. 우리 집까지 와주었으니까 그 마음과 열정은 감사하지만, 기분이 별로 안 좋았어요. 반면에 어떤 사람들은 또 아이들을 너무 자유분방하게 두면 조울증에 걸린다고 하는데, 그 말도 정확하게 알고 하는 건 아닌 거죠. 사실 두 극단이 아이들에게 다 안 좋은 건 맞아요. 그런데 그건 스트레스를 줄이는 차원에서 이야기하는 것이지, 부모의 어떤 양육방식이나 대처가 조울증 발병의 주된 원인이라고 보기엔 어렵다고 생각해요.

그럼에도 이미 말씀하셨듯이, 어떤 아쉬움을 계속 느끼시는 것 같습니다.

고: 아무래도 부모로서 아쉬운 점을 계속 생각할 수밖에 없지요. 특별히 제 경우는 아이들을 너무 규범적으로 키운 게 아닌가 하는 생각을 계속했어요. 너무 정직을 강조하면서 키웠나, 조금 융통성을 발휘하여 유연한 성격으로 길렀더라면 어땠을까 생각하는 거죠.

김: 지금 부모들에게 제가 강조하는 것은 아이들이 고립되면 안 된다는 점이에요. 제가 바쁘다 보니까 우리 아이들이 친구들과 관계

맺는 일에 소홀했던 게 아닌가 싶어요. 교육가였으니까 아이를 보면서 나름 정확하게 관찰은 했는데, 친구들이랑 함께 더 놀게 하면서 깊은 관계를 맺도록 돕지는 못했다는 아쉬움이 있거든요. 그런 관계 맺기를 통해 고립을 극복하는 역량을 기를 수 있도록 도왔어야 하지 않나 싶은 아쉬움이죠.

누가 '곁'이 되어 주는가

주변 사람들의 시선 혹은 말 때문에 상처받으신 적은 없는지요?

고: 부모 입장에서 힘든 건 사실 주변 사람들의 무관심입니다. 잘못된 지식에서 오는 어설픈 조언이라 해도 관심과 애정에서 하는 말들이라서 차라리 고마워요. 그보다는 무관심이 더 힘든 것 같아요. 저에겐 그런 무관심이 독으로 작용해요. 관심을 가져 달라는 말이 아니라, 몇 번을 이야기했는데도 단 한 번도 아이들 안부를 묻지 않아요. 그럴 때면, 우리 아이들이 소위 말해 '잘나가는' 사람이었어도 이렇게 철저하게 무관심으로 일관했을까 궁금한 거죠.

아예 관심을 보이지 않는 것은 우리를 배려하려고 부러 침묵하는 것과는 좀 다른 반응인데요, 그런 분들은 자기 문제에만 몰입하는 게 특징이죠. 자기 어젠다(관심주제), 자기 고통에 대해서만 관심을 기울여요. 정신질환이 얼마나 심각한 것인지 알면서도, 우리 아이들에 대해 전혀 안부를 묻지 않아요. 저는 그런 무관심이 오랜 상처로 남는 것 같아요. 오히려 잘못된 정보라도 마음을 갖고 전해 주는 사람이 낫지, 아무 관심도 없는 사람이 더 저를 힘들게 해요. 꽤 오랫동안 진실한 교제를 해왔다고 믿은 사람들이 그랬기 때문에, 더 힘이 빠지고 마음이 허망했지요.

그런 면에서 가까이에 좋은 사람들, 좋은 공동체가 있는 게 굉장히 중요할 것 같습니다.

고: 평생 나를 지지해 줄 수 있는 사람이 곁에 있다는 안정감은 무척 중요하죠. 〈조우네 마음약국〉을 통해서 우리 아이들이 가정을 꾸려서 살아가는 모습이 다른 환자분들에게도 격려가 되지 않나 싶어요. 그것을 제일 고마워하고 부러워하는 것 같아요. 일상적인 생활도 어려운데, 결혼까지 해서 아이도 셋이나 낳고 살고 있으니까요. 그런 삶의 모습이, 어떻게 보면 아예 일상과 결혼을 포기했던 환우들에게 희망을 주는 거지요. 이런 반응을 보면, 정신질환을 겪는 사람들이 바라는 건 결국 결혼과 육아로 이어지는 평범한 삶이 아닌가 합니다.

정신질환을 적절히 관리하면서 평범하게 가정을 꾸리고 살아가는 이들의 이야기는 그 자체만으로 큰 격려와 소망이겠다 싶습니다. 더욱이 그동안은 고

립되어 있다 보니 자신만 힘든 것 같았는데, 같은 힘겨움을 겪는 이들이 서로 아픔을 나누고 격려하는 만남이나 모임도 중요할 것 같아요.

김: 그럼요. 서로 같은 아픔을 나눈다는 것은 정말 큰 힘이에요. 아픔의 공감대가 주는 힘 말이죠. 7년 동안 방에서 나오지 않은 한 청년이 있는데, 둘째 하림이에게 상담을 하게 했어요. 대학 입시에 계속 실패해서 자존감이 바닥을 치는 아이였죠. 그런데 하림이와 상담을 하면서 놀랍게 바뀌었어요. 자기보다 입원도 훨씬 많이 하고 직장도 없는데 음악 앨범을 세 번이나 내고 결혼도 해서 삶을 꾸려 가는 하림이의 모습이 신기했나 봐요. 절망적인 상황인데 어떻게 잘 살고 있는지가 궁금했던 거죠. 그 청년이 하림이를 만나고 싶어서 충청도에서 서울까지 올라왔어요. 7년 동안 자기 방 밖으로 나온 적 없는 청년에겐 정말 놀라운 변화지요. 지금은 서로 호형호제하는 사이가 되었고요. 하림이가 그 친구를 보니까 시를 잘 쓰더래요. 이미 써놓은 것만 200편이 넘는다고 해요. 그래서 하림이가 그런 얘길 해주었대요. 시집을 내겠다고 엄마에게 자꾸 조르라고요. 그 시집이 얼마 전에 출간되어서 온라인서점에서 판매하고 있어요.

7년 동안 일절 밖으로 나오지 않던 사람이 집 밖으로 나갔고, 심지어 자신이 살던 지역에서 서울까지 하림 씨를 만나기 위해서 긴 외출을 했다는 거잖아요. 그 정도면 가족들이 보기에는 정말 엄청난 사건이었을 것 같은데요.

고: 그 부모 입장에서는 기적이라고 여길 수밖에 없지요. 7년 동안 자식이 집 밖을 한 번도 안 나갔는데, 이제 세상을 향해 걸음을 내디디면서 책까지 냈으니까요. 아픔, 특히 중증에 시달리면서도 삶을 지탱하는 모습을 보여 주는 것만으로도 사람들에겐 힘이 되는 것 같아요. 물론 이런 상황을 결론으로 여길 수는 없어요. 우리 아이들도 여전히 헤매는 부분이 있으니까요. 그러나 헤매는 모습을 그대로 보여 주는 것이 위로가 되는 거죠. 방송에 나와서 "요즘에 거의 18시간 정도 잔다"라고 얘기하면, 아마도 부모들 입장에서는 자기 자식도 그러고 있을 테니 다들 위로가 되지 않을까 해요. 그러니까 지금 잘나가는 모습보다도 같이 헤매고 있는 우리 둘째 하림이의 모습이 더 큰 힘이 될 수도 있어요. 그런 부분들이 더 의미가 있다고 생각해요.

부모들은 누구나 자기 자녀에게 큰 기대를 품고 바라보는 존재가 아닌가 생각합니다. 두 분은 어떠신지요?

고: 아이들 돌 때부터 머리에 안수하면서 이렇게 기도했어요. "주님, 이 아이들을 통해 저희 부부의 노후를 책임져 주시옵소서."(웃음) 그런 기도를 했는데 자식들이 40대에 들어섰는데도 아직 자립이 쉽지 않은 상황인데, 그럼에도 지금까지 이렇게 인도하시는 하나님이 참 놀라우신 분이라는 생각이 들어요. 요근래 큰아들이 그런 말을 하더라고요. 〈조우네 마음약국〉에 대한 반응이 좋으니까, 아버지가

자기를 조금 인정하는 것 같다고요. 그 말을 듣고 깜짝 놀랐어요. 그건 전혀 아니었거든요. 그런데 자녀 입장에서는 뭔가 부모에게 인정받아야 한다는 강박이 있었나 봐요. "그건 전혀 그렇지 않다"라고 얘기하면서, "있는 그대로 너의 존재로서 너를 인정하고 사랑한다"라고 분명하게 말해 주었어요. 하지만 제 생각이나 말과 다르게 자녀들로서는 부모에게 인정받아야 한다는 어쩔 수 없는 스트레스가 있는 것 같아요. 둘째 아이에게 더 많은 관심을 기울였을 수는 있어요. 그건 첫째를 덜 사랑해서가 아니라 둘째가 더 고통을 많이 겪었기 때문에 불가피한 측면이 있었던 거죠. 입원 횟수로도 첫째는 네 번이었고, 둘째는 열세 번이었으니까요.

선교사님이 과거에 노이로제를 겪으실 때 선교사님 아버님은 어떻게 반응하셨나요? 사실 남자들의 경우, 어쩔 수 없이 아버지에게서 영향을 많이 받지 않습니까.

고: 고1이던 아들이 노이로제로 불면증에 빠졌다는 얘기를 듣고, 아버지가 그때부터 좀 노력을 하시더라고요. 며칠간 계속된 불면증으로 인해 도저히 견딜 수 없어서 수업 중에도 뛰쳐나오고 그랬는데, 그게 노이로제 증상이었던 거죠. 그런데 의사가 아버지한테 내 증상이 심해지면 정신병원에 가야 한다고 경고를 하니까 그때부터 아버지가 확 달라지셨어요. 그래서 나를 데리고 수영장에도 가고, 캠프

장에도 가고 하셨어요. 그때 저는 담배에 중독이 되어 있었는데, 학교 가서 피우면 안 되니까 집에서 피울 수 있게 허락을 해주셨지요. 디스코텍 가고 싶다고 하면 데리고 가주시기도 하고요. 굉장히 노력을 많이 하셨지요.

선교사님 청소년기에 집에서 담배를 피울 수 있게 허락을 하고 디스코텍까지도 데리고 가주셨다는 건, 그 당시 통상적인 아버지들에게서는 전혀 기대할 수 없는 일 아닌가요? 일반적으로는 생각하기 어려운 대처방식인 것 같습니다.

고: 그런데 아쉽게도 중학생 때까지는 아버지가 부재했다가 고등학교 때 노이로제 이후부터 과도한 관계가 된 거예요. 이 순서가 바뀌었으면 더 좋았을 것 같아요. 어쨌든, 가족에 대한 부분은 성경적인 것을 떠나서도 굉장히 중요하다고 생각해요. 제가 아버지를 미워하지는 않았지만, 불만은 쭉 갖고 있었거든요. 그런데 아버지도 어릴 때 아버지가 안 계셔서 그럴 수밖에 없었구나 싶어요. 아버지는 할아버지 할머니 밑에서 성장하셨거든요. 그래서 그 맥락을 이해하고 나서는 용서하게 되었어요. 반면에 어머니는 매우 친밀한 가정에서 자라셨고, 그래서 가정을 지키려고 애쓰시며 우리를 지켜 내신 거죠.

용납과 포용의 공동체가 있는가

가정이나 교회, 공동체라는 말이 점점 더 낡고 뒤떨어진 개념으로 여겨지는 시대가 되어 가는 것 같습니다. 개인주의의 영향인지는 모르겠지만, 공동체라는 개념 자체를 시대착오적이라고 여기는 문화도 있는 듯하고요. 그런데 그런 시류이기 때문에 역설적으로 더 공동체가 필요한 시대가 아닌가 합니다.

고: 가족이 사실 하나의 공동체잖아요. 공동체 세우기는 성경적으로나 신학적으로 매우 중요한 우리의 사명이지요. 교회 또한 하나의 가족이라고 보면 좋겠어요. 저는 기본적으로 교회는 성장해야 한다고 봅니다. 생명이기 때문에 성장을 해야 하는 거지요. 그러나 지금의 한국 교회처럼 한쪽으로만 집중되는 성장은 하나의 종교 권력을 만들어 낼 뿐이라는 것을 경험하면서, '교회 속의 교회' 개념을 떠올리게 되었어요. 소수의 가족이 서로서로 위탁하고 책임을 져주는 하늘 가족이 필요한 거지요. 스펙이나 성취결과에 의해서가 아니라 사람 그 자체로 오롯이 관계를 맺어 가는 공동체를 세워야지요. 사실 이런 공동체를 세우는 것이 제겐 아주 중요한 화두였어요. 그런데 그동안은 어떤 방법론적인 부분에 치우친 것 같아서 반성하고 있어요. 더 본질적이고 근원적인 부분으로 나아가려고요.

더 본질적인 부분이라면 구체적으로 어떤 걸 말씀하시는지요?

고: 앞으로 찾아가야겠지요. 다만, 가족에 대한 범위가 먼저 확장될 필요가 있어요. 요즘은 국가적 돌봄에 대한 이야기들도 많이 나오잖아요. 문제는 세금을 비롯한 사회적 비용을 어떻게 감당할 것인가인데, 저는 신앙 공동체가 이 비용을 감당하면 좋지 않을까 해요. 어떤 약자가 공동체에서 사랑과 용납을 경험하여 잘 정착하고 적응하게 된다면, 그 사회에 대한 신뢰감이 형성되고 향상되는 결과로 나타나지요. 반면에 신뢰가 다 깨지면, 치러야 할 사회적 비용이 엄청나게 증가하는 결과로 이어지는 거고요.

'약자를 사랑으로 용납하는 공동체'라는 게 너무 이상적이고 실제와는 거리가 멀게 다가옵니다. 더군다나 정신질환을 겪는 분들을 사랑으로 품고 받아들이는 공동체는 더더욱 비현실적으로 느껴지는데, 어떻게 생각하시는지요.

김: 정서적·정신적 약자를 품는 교회만 아니고, 모든 약자를 품어야 하고, 그게 교회 모습 속에서 자연스럽게 드러나야겠지요. '아둘람 모임' 같은 경우도 이런 마음으로 지속해 나갈 생각입니다. 감사하게도 따로 홍보한 적도 전혀 없는데, 우리와 상담했던 분들의 필요에 의해서 모임이 계속되고 있습니다. 물론 모인 분들은 우리하고만 관계가 있어서 왔는데, 모임에 와보니 낯선 얼굴들이 보여서 힘겨워

하시는 측면도 있어요. 그래서 이런 모임은 리더가 아주 중요해요. 다들 상담했던 우리만 바라보고 온 거잖아요. 이분들의 경우, 일차적으로는 자기 발에 떨어진 불을 끄려고 먼 길을 온 거예요. 우리가 도와줄 수 있다고 느꼈기 때문에, 여기까지 오는 게 부담스러운 일임에도 용기 내서 온 겁니다. 다른 곳에서는 받아 주지도, 애초에 받아들이려 하지도 않는 분위기니까요. 우리가 풀어 가야 할 숙제인 셈이죠. 함께 예배를 드리는 동시에 자조(自助) 모임을 할 수 있도록 전문가의 도움이 필요한 부분이기도 하고요. 그동안 선교단체나 교회에서 해왔던 그룹과는 차원이 다릅니다. 훨씬 세밀하고 민감하게 주시하면서 공동체로 세워 나가야 해요. 자조 모임의 가장 좋은 구성은 당사자, 가족, 스태프 등 세 종류의 사람들이 골고루 모였을 때라고 하는데, 앞으로 할 일이 만만치 않은 상황이에요.

아픔을 이겨 내는 과정에서 신앙적인 접근이 실제로 의미가 있다고 보시는지요?

김: 지금까지 상담한 사례가 수천 건이 훨씬 넘을 텐데, 정신질환으로 인해 불행한 사람들이 정말 많아요. 굉장히 많아요! 이 엄혹한 사회를 어떻게 버텨 갈까 걱정되는 사람들이 대다수예요. 그런 분들은 주로 "내가 어떻게 해야 하느냐?"라는 질문을 해오는데, 신앙을 갖고 있으면 대화가 더 잘될 수밖에 없어요. 그래서 신앙이라는 게 참

중요하고, 교회도 중요하다는 생각을 할 수밖에 없는 거예요.

이제까지 받은 복을 세어 보라고 하기도 하고, 살면서 경험한 은혜를 떠올려 보라고 하기도 해요. 그런 방식으로 계속 대화를 하다 보면 자기도 알게 되는 거지요. 그동안은 상처나 피해의식 때문에 보이지 않던 감사한 일들을 발견함으로써 알게 되는 거지요. 우울증을 비롯해 정신질환을 앓게 되면 시야가 터널처럼 좁고 어두워져요. 자기 삶을 돌아보거나 신앙적으로 성찰할 안목을 갖출 수 없게 되는 거예요. 대화나 상담을 통해 그걸 발견하도록 도와주는 일을 공동체가 해줄 수 있으면 정말 좋겠지요.

신앙적 접근과 관련하여 혹시 기억나는 실제 사례가 있는지 궁금합니다.

김: 자살 시도를 여러 번 했던 분과 상담을 한 일이 있어요. 그분에게 '인지 능력을 주신 것을 감사하셔야 한다'고 얘기했어요. 당신은 우울증이 이렇게 심해서 자살 시도도 서너 번 했는데, 그것을 또렷하게 기억하고 있다는 것은 아직 인지 기능이 상실되지 않고 멀쩡하다는 의미 아니냐, 그리고 당신을 떠나지 않고 곁을 지켜 주는 남편이 있으니 얼마나 감사하냐. 그렇게 말했더니 정말 별 난리를 다 쳐도 옆에 남편이 있어 준다고 하면서, 정말 착한 사람이라고 하더라고요. 의학적으로도 감사할 줄 아는 뇌와 그렇지 않은 뇌는 다르다고 해요. 이와 관련해서는 의학적인 데이터가 많이 나와 있어요.

우리가 상담을 통해서 없는 걸 줄 수는 없어요. 있는 것, 받은 것, 지금 누리는 것을 발견하지 못하고 있다면 그것을 보도록 도와줄 수 있을 뿐이에요. 제 경험으로도 믿음으로 자꾸 의지적으로 감사를 표현하려고 했더니, 힘겨움이 좀 가벼워지는 걸 느꼈어요. 그래서 이겨 낼 수 있지 않았나 싶어요. 사실 감사와 은혜는 우리 신앙의 핵심이잖아요. 감사를 의지적으로 끌어내는 것보다는, 받은 은혜를 깨달아 감사하는 과정이 가장 좋지요. 자연스럽게 감사할 힘은 성령으로부터 올 테니까요.

그 힘을 비신앙적인 언어로는 어떻게 풀어낼 수 있을까요?

김: 그 힘을 저는 자존감이라고 표현하고 싶어요. 평생 유치원에서 애들과 함께하면서 자존감에 대한 생각을 많이 했는데요. 유아교육에서 말하는 자존감에는 세 가지 차원이 있어요. 소속감, 가치의식, 자신감, 이렇게 세 가지예요. 그런데 신앙적으로, 이 세 가지를 완벽하게 채워 주는 것이 바로 하나님, 예수님, 성령님이라는 걸 여러 번 느꼈어요. 소속감, 가치의식, 자신감을 성삼위 하나님이 채워 주시는 거라는 생각이 들면서 놀랐던 적이 있어요. 이 이야기를 크리스천들과 상담할 때는 꼭 이야기해 주는데, 공감이 잘되고 큰 격려를 받더라고요. 성삼위 하나님이 개개인에게 가져다주는 회복이 바로 복음이잖아요.

감사하는 마음이 중요하다고 하셨는데, 요즘 SNS와 우울증의 상관관계에 대한 연구가 많이 나오고 있습니다. SNS를 통해 다른 사람의 행복한 모습만 보게 되면서, 상대적으로 나의 불행이 더욱 크게 다가와서 우울증으로 이어진다는 거지요.

고: 정확한 진단 중 하나가 아닌가 해요. 청소년들의 우울증을 유발하는 문화적 변화와 관련해서는 다른 조치가 있기보다는 기독교가 갖고 있는 것들로 맞서는 방법밖에 없을 거 같아요. 지금까지 이야기했던 은혜의 작동 경험 같은 것을 일깨워 줄 필요가 있겠지요. 팬데믹 시대를 지내면서, 온라인 영상으로 소통을 하다 보니까 조작 가능성에 대한 문제를 심각하게 여기게 되더라고요. 영상 교류라는 것이 조작이 가능한 소통 방식이거든요. 그렇기에 정말 위험하다는 생각을 했어요.

우리 아이들과 방송을 하면서도 조작의 유혹이 있는 거예요. 지금 굉장히 진실한 척하지만, 우리도 홍보의 원리와 진실함 사이에서 유혹을 받아요. 감동을 줘야 한다는 유혹도 있어요. 영상에 나오는 것도 내 모습이지만, 그것은 리얼리티와는 다른 차원의 아바타가 될 수도 있는 거거든요. 설교자일 경우에는 이런 유혹에 더욱 치명적으로 노출되겠지요. 포장하기도 쉽고, 왜곡하기도 쉬워요. 요즘에는 젊은 목사들 중에 영상 만드는 데도 귀재들이 많지요. 중간에 감동적인 영화 장면들 도입하고, 교인들 마음을 움직여서 지갑도 열게 하고, 그

숫자를 보면 또 거듭 그렇게 하겠지요. 시간이 갈수록 그것이 예화나 미디어의 힘인지 복음의 힘인지 스스로 구분하기도 어려워질 거예요. 정말 위험한 사회로 가고 있는 것은 사실이죠.

현재를 지켜야
미래가 열린다

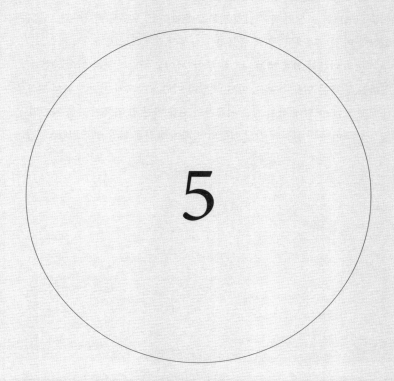

5

정신적인 이유, 신경적인 원인 등으로 살랑살랑 불어오는 바람에도 삶을
포기하고픈 충동에 시달리는 이들이 있다. 고직한 김정희 부부는 종종 이런
이들뿐 아니라 그 가족의 전화를 받는다. 순간의 감정이 스스로 미래를 닫는
결정으로 이어지는 위태로운 순간과 마주할 때면 늘 조심스럽다.
어둠을 헤매는 이들의 작은 심경 변화를 헤아리고, 꾸준히 연락하고, 마음을
읽어 주며, 안부를 묻는 일의 중요성은 아무리 강조해도 지나치지 않다.
두 자녀의 아픔을 함께 헤쳐 나오는 동안 '싸이코 패밀리'로서 더욱 굳건한
신뢰를 쌓아 온 이들 가족은, 이제 '패밀리 미니스트리'의 여정에 함께 걸음을
내딛고 있다. 이렇게 상처 입은 치유자의 길을 가는 한 가족이 그들 자신의
일상을 내어 주며 어둠에 갇힌 이들의 미래에 숨길을 틔워 주고 있다.

현재 관심사: 〈조우네 마음약국〉, 아둘람, 삼남매

지금까지는 지나온 시간에 좀 더 집중해서 인터뷰를 진행해 왔습니다. 이제부터는 현시점에 초점을 맞춰 질문드리려 합니다. 요즘에는 주로 어떤 일에 시간을 보내고 계신지요?

고: 아무래도 유튜브 방송 〈조우네 마음약국〉에 마음을 많이 쏟고 있어요. 매주 화요일에는 생방송도 하고 있거든요. 그러면서 주일에는 아둘람 모임을 계속 해오고 있어요. 아둘람 모임은, 굳이 성격을 정의해 보자면 교회 아닌 교회 같은 모임 공동체입니다. 2021년 10월 즈음에 시작하여 2년 넘게 계속되고 있는데, 2023년 11월 말 현재 예배에 참여하는 인원은 30명 정도 됩니다. 당사자 외에 가족까지 함께 멤버로 들어오는 아둘람 단톡방 인원은 모두 79명이고요. 매주 참여

하기 어려운 사람들의 경우에는, 제가 전한 메시지와 모임에서 함께 하는 기도 등을 녹화해서 일대일로 보내 주고 있어요. 단톡방 같은 곳에 올려놓고 알아서 보라고 하는 방식이 아니라, 일대일로 일일이 챙기고 돌보듯이 소통하는 거지요.

아둘람 모임 외에도 30여 명이 참여하는 웨비나('웹'과 '세미나'의 합성어로서 인터넷상에서 열리는 회의)를 하고 있어요. 인터넷상에서 모이다 보니, 팬데믹 기간에도 웨비나는 꾸준히 해왔어요. 아둘람 모임이 크리스천이나 기독교에 우호적인 이들이 참여하는 공간이라면, 종교와 무관하게 모이는 모임으로는 '패밀리 파워'가 있고요. 월 1회 토요일 오전 11시에서 오후 1시까지 줌으로 만나는데, 현재 평균 30명 정도가 나오고 있어요. 그 밖에 평일에는 사단법인 '좋은의자' (thegoodchairs.or.kr)의 펀드레이징을 위한 공문서 작업이나 관리 업무를 하고 있어요. '좋은의자'는 2015년에 설립된 비영리 단체로, 우리 사회의 정신적·정서적 약자들을 지원하면서 그들의 인권 옹호 및 정신 건강에 대한 인식 개선 활동을 하고 있지요. 저는 2019년부터 상임이사로 일하다가 2023년부터는 대표로 섬기고 있어요. 그 밖에 저녁 시간에는 간간이 상담도 진행합니다.

김: 저는 온라인으로 상담을 하다 보니까 해외에서도 요청이 많이 오는데요. 최근에는 베이징에서 어떤 분이 미국에 거주하는 자기 딸에게 조울증이 발병했다고 연락을 해왔어요. 어떻게 도울 수 있을

까 고민하다가, 저희 〈조우네 마음약국〉 구독자 가운데 미국 샌프란시스코에서 회복 경험이 있는 전문가 그룹이 있어서 연결해 드렸거든요. 그 인연으로 중국 베이징에서 미국까지 비행기를 타고 직접 만나러 갔다는 거예요. 거기서 또 언어 때문에 우여곡절이 있었지만, 이렇게 치료를 위한 연결 통로로서 역할도 자주 하게 되는 것 같아요. 한국, 중국, 미국 등지에서 엄마들이 함께 카톡방을 만들어서 긴급 전화번호를 공유하고 다양한 어려움과 문제를 해결하려고 애쓰고 있는데, 이건 전혀 예상 못한 일이에요. 정말 놀랍고 감사할 따름이죠.

선교사님은 지금까지 여러 신앙 공동체를 이끌어 오셨는데요, '아둘람' 모임은 새로운 형태가 아닌가 하는 생각이 듭니다. 좀 전에 '교회 아닌 교회 같은 모임'이라고 얘기하셨는데, 좀 더 구체적인 설명을 부탁드립니다.

고: 예를 들어, 우리가 교회에서 소그룹의 리더가 되면 멤버일 때 다른 멤버들을 대하는 마음과 리더로서 멤버들을 대하는 마음이 다르잖아요. 아무래도 리더가 되면 책임감의 무게가 다르게 다가올 수밖에 없을 테니까요. 제가 아둘람 모임을 시작하면서 여기 나오는 멤버들에 대해서는 철저하게 멤버십 케어를 하겠다 마음을 먹으니까 목자의 심정이나 목양의 책임감 같은 게 생겼어요. 제가 이제야 비로소 목회자가 된 듯한 느낌을 갖게 돼서 굉장히 감사해요. 그런 점에서는 아둘람 모임을 교회로 볼 수도 있겠지요. 저도 아둘람 모임 구성원

들과 교제하면서 더 인격적으로 신앙 공동체를 실감하게 되었고 함께하는 교제의 기쁨이 있어요. 기도도 좀 더 깊게 하게 되고, 말씀을 준비하면서는 영성과 뇌의 문제 그리고 신경 현상 사이의 상관 관계를 연구하는 신경신학적 관점을 새롭게 배워 가고 있고요. 서로를 위해서 중보해 주고 하니까 굉장히 좋아요. 정말 힘이 돼요.

그러니까 지금 아둘람 모임 자체가 이름만 교회가 아닐 뿐 교회라고 봐도 전혀 이상하지 않은, 일종의 선교단체라고 할 수 있어요. 그러면 여기서 다음 단계로 지역교회 형태로 나아갈 거냐 하는 문제도 고민을 했는데요. 그건 아니라고 결론을 내렸어요. 왜냐하면 구성원 중에는 이미 다른 교회에서 생활하고 있는 사람들도 있고, 교회라는 것은 평생 다녀야 하는데 지금 이분들은 자기 사정 때문에 기존 교회를 못 나가거나 교회 생활을 적극적으로 못하는 상황이에요. 그러니까 아둘람 모임의 역할은 이들에게 힘을 불어넣어 주어서 좋은 교회에 정착하도록 돕는 데 있다고 정리하게 된 거예요. 앞에서도 이미 말한 바와 같이, 일종의 '터미널 처치'라고 할 수 있겠죠.

'터미널 처치'라는 이름은 확실히 시각적으로 그림을 그려 주는 느낌이 있습니다.

고: 이를테면, 버스 터미널이라는 곳은 어떤 목적지에 가기 위해 반드시 거쳐야 하는 곳이고, 일단 터미널 내 대합실에서 기다려야 하

잖아요. 공항 터미널에서도 목적지를 가기 전에 들러서 기다려야 하는 거고요. 아둘람 모임도 그렇게 '터미널'처럼 환우들의 과도기적인 기간을 돕는 모임으로 생각하고 있어요. 이 모임을 통해 함께 교제하고 말씀에 반응하는 모습을 보면서, 이들의 필요가 더 확실하게 보이더라고요. 사실 정부의 지원이나 교회의 역할 같은 것은 2차적인 부분일 수 있어요. 저는 무엇보다 환우들의 자강(自强), 자부(自富), 즉 스스로 강해지고 스스로 풍요로워지는 것이 1차적인 과제라고 생각해요. 우리 모임은 그 부분을 잘 도와야 하는 거지요. 그래서 터미널의 역할에 집중하려고 합니다.

바쁜 일상을 살고 계신데, 규칙적으로 쉼을 갖는 시간은 따로 없는지요?

고: 일상생활 가운데 제가 가장 중요하게 여기는 일과가 있어요. 매주 월요일 한두 시간 정도 걸으면서 말씀 듣고 기도하는 시간인데요, 이때가 제겐 가장 중요한 시간 같아요. 이 시간을 통해 많은 생각이 좀 정리가 되거든요. 토요일 점심 이후에는 우리 손주들하고 시간을 함께 보냅니다. 저녁 8시까지는 그 애들하고 놀아 주는 게 우리 부부의 일이지요. 아이들과 키즈카페를 간다든가 근처 공원을 간다든가 서해안 바닷가로 놀러 간다든가… 굉장히 재밌어요. 물론 힘은 많이 들어요. 그런데 가장 힘을 얻는 시간이기도 하지요.

앞서 선교사님이 앞만 보고 계속 전진하는 스타일이라서 사모님은 힘들었다고 얘기하셨는데요, 사모님 보시기에는 선교사님의 활동량이 이제 좀 적응이 되셨는지요.

김: 그동안은 워낙 밖에서 많이 활동하니까 밥해 줄 일이 없었는데, 이제는 삼시 세끼 밥을 하면서 바로 옆에서 맨날 전화하는 소리, 온라인 회의하는 소리를 들어야 하니까 더 힘들어요.(웃음) 저는 일주일에 두 번 〈조우네 마음약국〉 독서밴드'에 책을 요약해서 올리고 있는데, 제게는 중요한 일이에요. 그리고 상담이라는 건 사실 수시로 하는 일인데요, 월요일부터 금요일까지 보통 오전 10시부터 오후 8~9시까지 하루 한두 건에서 많게는 다섯 건까지 해요. 긴급할 때는 밤 11시까지도 하고요. 예측할 수는 없는 응급 상담이 많기 때문에 아무래도 어렵지요. 시간을 특정할 수 없는 상담이 수시로 있고요. 그다음에 앞서 남편이 얘기한, 토요일에 우리 손주들하고 보내는 시간이 의미가 있고요. 나머지는 밥하는 거, 그리고 산책으로 일상을 채우지요.

두 분 모두 손자들과 함께하는 시간을 중요하고 의미 있는 일상으로 꼽으셨는데, 구체적으로 무엇을 하면서 그 시간을 보내시나요?

김: 우리는 거의 함께 놀이를 해요. 정말 하루 종일 놀이를 하거든요. 이를테면, 제가 레스토랑 주인으로 주문받는 역할을 하고, 음식

만들어서 가져다주면서 이런저런 상황극을 연출하면 아이들이 정말 좋아해요. 겨울이라 밖에 나가지 못할 때는 책 한 권 읽고 영상으로 애니메이션 한 편 보고, 또 레스토랑 놀이를 하면서 간식을 가져다주고요. 서로 마사지 놀이도 해요. 애들한테는 500원만 줘도 30분 동안 마사지를 받을 수 있다니까요. 아주 호강을 하는 거죠.(웃음)

아이들과 놀아 주시는 방식도 그렇고, 아둘람 모임을 시작하신 것도 그렇고, 두 분이 그동안 쌓아 온 수십 년 경험이 발휘되는 것 같습니다. 특히 정신적·정서적으로 아픈 분들까지도 품을 수 있는 그런 신앙 공동체를 시도한다는 것은 아무나 할 수 있는 일은 아닐 텐데요. 실패와 성공을 여러 번 경험하고 겪어 보셨기에 가능한 일이겠다는 생각이 문득 듭니다.

고: 맞아요. 사실 그런 것들이, IVF에서 배우고 익혔던 경험들, 설교 준비를 위해 말씀을 봤던 경험들이 굉장히 오랫동안 쌓이다 보니 이제는 좀 정리가 되어서 자연스레 우러나오는 느낌이 있어요. 정작 당시에는 그때그때 감당하느라 급급했는데 어느덧 내 안에 누적이 되고 있었구나, 그게 나름 저력으로 쌓여 왔구나 하고 느껴요. 더 근본적인 이야기를 하자면, 내가 패배감이나 어떤 좌절감을 느끼는 순간도 많았지만 이제는 거기에 휘둘려서 완전히 '루저'(실패자) 상태로 주저앉게 되지는 않는 부분이 있어요. 기초체력은 늘 유지할 수 있는 상태라고 할까요. 어떻게 보면, 사명자의 삶이 주는 하나의 축복이죠.

김: 제가 옆에서 지켜보면 우리 남편이 개척하는 일이나 처음 시작하는 일들을 너무 많이 해왔어요. 되돌아보면 그래요. 사랑의교회 분열이 났을 때도 재정 지원 다 포기하고 10년 가까이 그 싸움을 하고, 또 그 전에는 두 개의 개척 교회를 도왔고, 그 밖에도 여러 단체를 거의 개척하다시피 세웠거든요. 남편은 개척에 영광이 있다고 하는데, 저는 곁에서 너무 힘들었어요. 물론 좋은 기억과 경험도 있고, 기쁨도 굉장히 컸던 건 사실이에요. 아무튼, 남편은 지금도 사실 어떻게 보면 남이 안 가는 길을 또 가는 거잖아요. 그런데도 이런 일을 결국엔 스스로 즐거워서 하니까 감사하다고 할 수도 있고, 겁이 없는 거라고도 할 수 있지요.

'싸이코 패밀리'에서 '패밀리 미니스트리'로

〈조우네 마음약국〉 외에 자녀들과 함께 하시는 어떤 활동이나 사역, 모임 같은 게 더 있는지요?

고: 우리가 아둘람 모임을 시작했을 무렵, 유튜브 수요기도회를 열었어요. 큰아들과 며느리가 둘이서 수요일 밤 11시에 유튜브로 기도회를 하는 거지요. 특별히 저는 며느리의 기도를 좋아합니다. 물론 저와는 신앙의 결이 많이 다르다고 할 수 있는데, 접점이 이루어지는

부분이 기도라는 게 참 좋거든요. 기도에 대한 열정 같은 건 통하는 점이 있어요.

사실 아내도 인정하는 거지만, 우리 큰며느리가 어려서부터 집안에서 혼자 예수를 믿어서 핍박받으면서 자랐거든요. 돌아보면, 그렇게 신앙생활 하면서 드린 기도가 여러 가지로 주효했고 또 하나님의 어떤 응답과 인도를 가져왔다고도 봐요. 그래서 그 점에서 굉장히 든든해요. 그 아이에게 하나님께서 주신 어떤 특별한 은혜와 은사가 있는 것 같아요. 정말 신기한 일들이 있는데, 저와는 신앙의 결이 다른데도 어떤 사안을 가지고 함께 기도를 하다 보면 떠오르는 말씀이 서로 같은 거예요. 그래서 함께 그 말씀 붙잡고 한마음으로 간구하고 기도하게 되지요.

기도를 오용하는 이야기나 사례가 많이 회자되어 그렇지, 아픔을 짊어지고 살아가는 이들에게는 무엇보다 기도가 가장 절실한 영역이기도 하잖아요.

고: 물론이죠. 기도하는 데서 힘을 얻고 힘이 느껴지는 거지요. 아픈 사람 중에서도 응급 상황에 처한 사람들이 많다 보니까, 기도가 정말 중요합니다. 저 같은 경우는 뭐랄까 크게 외치면서 하나님 앞에서 어떤 영적 전투를 하듯이 기도하는 건 많이 배우지 못했거든요. 그런데 우리 며느리는 그런 기도를 잘하는 것 같아요.

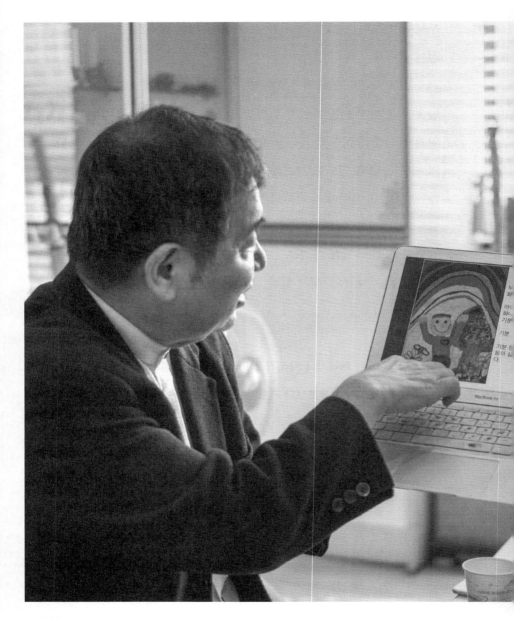

© 정민호

현재 두 분이 하시는 일과 〈조우네 마음약국〉은 결코 떼려야 뗄 수 없는 관계가 아닌가 합니다. 이런 식으로 자녀들과 함께 하는 사역을 하게 될 거라는 생각을 하신 적이 있나요?

고: 저는 '패밀리 미니스트리'라고 표현을 하는데요, 예전부터 그런 사람들을 보면서 무척 부러워했어요. 대표적으로 IVF에서 만난 송인규 간사(전 합동신학대학원대학교 조직신학 교수·현 한국교회탐구센터 소장)의 경우를 들 수 있겠죠. 그 식구들이 IVF 운동을 거의 가족 차원에서 했어요. 그게 굉장히 부러웠거든요. 패밀리 미니스트리를 소망하는 마음이 늘 있었어요. 그런데 이게 이상한 방식으로, 두 아들이 발병한 지 한참 뒤에 우리가 '싸이코 패밀리'가 되면서 구체화되는 거니까 참 놀랍죠. 우리 큰아이가 유튜브를 통해 자기 아픔을 공개 고백하는 과정을 통해 패밀리 미니스트리가 형성될 거라고는 전혀 예상 못한 일이지요. 이렇게 우리 가족이 하나가 될 수 있구나 싶어 굉장히 감사한 마음이 들어요.

그런 과정에서 가족이 자연스레 서로 간에 더 알아 가는 기회가 되기도 하겠네요.

고: 두 아이의 병이 아니었으면, 글쎄 우리가 이렇게까지 관계가 깊어질 수 있었을까요? 제가 볼 때는 그렇지 않아요. 요즘에 제가 우

리 아들하고 일대일로 녹화하고, 또는 생방송을 하기 위해서 계속 만나고 있거든요. 요즘 같은 시대에 일주일에 한 번씩 만나서 최소한 1시간 이상을 아버지와 아들이 대화하면서 산다는 게 결코 쉽지 않은 일 아닌가요? 그런 부분만 생각해도, 부모 자녀가 일상적으로 소통하는 기회가 있는 것이니까 참 감사하지요.

김: 가족끼리 함께 일을 하는 점에 대해서는 저도 비슷한 감정과 느낌이 있어요. 특히 우리가 진짜 병이 안 났으면 이런 가족의 끈끈함과 이런 친밀함과 이런 깊은 대화를 이어 갈 수 있을까 하는 마음이 있지요. 물론 우리 가족이 늘 화목하기만 하고 아무 문제가 없다는 게 아니라, 우리 안에도 크고 작은 어려움은 있어요. 다만, 우리는 부모로서 아이들을 사랑하고 아이들은 부모인 우리를 존경한다는 점이 가족 관계에서 중요한 요소가 되는 거 같아요. 우리 둘째는 거의 병적으로 "존경합니다" "사랑합니다"를 반복하거든요. 제가 병적이라고 표현한 이유는, 같은 말을 너무 많이 반복하면 편집증이 아닌지 유심히 보게 되거든요. 병을 몇 번 앓았기 때문에 이게 정상으로 하는 말인지, 아니면 어떤 증상으로서 하는 말인지 주의 깊게 살피게 되죠. 근데 그 말을 하는 마음은 진심이라는 게 느껴져요. 여러 가지 면에서 현재 상황을 생각해 보면 여전히 미흡한 게 많고 우리 애들이 완전히 회복됐다고 보기도 어려워요. 제 판단에는 60~70퍼센트 회복된 상황이고, 아직은 온전한 자립도 어려운 상황이에요. 그러나 가족이 한마

음이 되어 이루어 가는 사역의 걸음걸음은 뭐라 말로 표현하기 어려울 정도로 감사한 일이지요.

고: 정말 이런 일이 아니었다면 절대로 만나지 못했을 사람들이 서로 만나고 있다는 걸 생각하면 놀라워요. 어떤 사람들은 생명줄을 찾은 것처럼 기뻐하는데요, 그중에 몇 분은 아주 먼 거리에서 아둘람 모임을 하러 옵니다. 두 시간 가까이 걸리는 곳에서도 오시고요. 온라인을 통해서는 미국 뉴욕에서도 참여하는 분도 계시지요. 우리 가족으로서도 이렇듯 관계와 사역의 지경이 넓어지는 게 놀라운 경험이에요. 정말 아주 작은 마음으로 시작했을 뿐인데, 하나님이 어떻게 일을 여기까지 끌고 오시지 하고 감탄하게 되죠.

대면 모임이나 만남에 제약이 있는 상황이라 하더라도 선교사님은 크게 개의치 않으시는 것으로 보입니다. 비대면으로 이뤄지는 온라인 모임이나 만남 등에 굉장히 적극적이신 것 같고, 게다가 기술적인 도구들도 매우 능숙하게 활용하시고요.

고: 쉽게쉽게 할 수 있는 것은 아니에요. 특히 제 나이에는 더 쉽지가 않죠. 제 아내는 요즘 저를 보고 '줌 인생'이라고 우스개를 하기도 합니다. 그러나 사실 저도 유튜브에 제 얼굴이 나오면 그게 쑥스러워요. 저는 새로운 기술을 빠르게 활용하는 '얼리 어댑터'는 아닌 것

같아요. 왜냐하면 제가 아직 우리 집 텔레비전을 못 켜요. 전원 버튼이 어디에 있는지 잘 모르거든요. 이런 걸 보면 저는 그냥 상황상 나에게 새로운 도구나 수단이 필요할 때는 그것만 빨리 익혀서 활용하는 스타일인 거죠. 처음엔 서툴러도 여러 번 반복하니까 익숙해져서 남들이 보기에는 능숙해 보일 수 있겠지만요. 또 하나는, 이제까지 평생을 선교 전략을 고민하다 보니 새로운 도구가 생기면 '이것을 어떻게 선교 영역에 활용할 수 있을까' 생각하고 익히는 게 그냥 자연스럽고 즐거워요. 저는 하나님 나라 운동을 하면서 살고자 하는 사람이니까, 거기에 잘 맞는 유용하고 새로운 도구라면 어떻게든 배워서 전략적으로 활용하려고 노력하는 편이에요.

유튜브, 〈조우네 마음약국〉, 교회 성장

말씀을 듣다 보니 '유튜브' 같은 새로운 미디어나 도구를 어떻게 생각하시는지도 궁금합니다.

고: 제가 늘 우리 아이들한테 '우리는 포노 사피엔스(phono sapiens)다'라는 말을 많이 했거든요. 스마트폰을 통해서 '신인류'가 만들어진 거 같아요. 사실 정말 놀라운 일이잖아요. 전 세계에 한 60억 명의 사람들이 스마트폰으로 다 연결이 된 거예요. 그러니까 우리가 유

튜브 방송을 하면 알래스카에 사는 코리안도 방송을 봤다면서 연락을 해와요.

정신질환을 겪으면서 고립되는 상황이 가장 안 좋다고 하셨는데, 유튜브라는 도구가 그 고립을 막아 주는 역할도 하는 것 같습니다.

고: 그렇죠. 유튜브나 줌, 카카오톡을 이용한 그런 비대면 만남들이 어떻게 보면 그 고립을 풀 수 있는 도구가 되는 거죠. 어떤 분은 자기가 의사임에도 불구하고 '내가 정말 조울증에 걸렸나' 싶어서 우리 방송을 계속 청취하다가 조울증이 맞는 것 같다며 병원을 찾아가기도 했어요. 카카오톡 같은 경우에는 젊은 친구들이 자기를 드러내지 않으면서도 긴밀하게 소통할 수 있는 좋은 도구가 되는 것 같고요.

유튜브 〈조우네 마음약국〉이 앞으로 어떻게 흘러갈지 궁금해지네요.

고: 제가 가족들에게 이야기할 때 늘 이 물고기 그림(136쪽)을 떠올립니다. 예전부터 '공동체 세우기'와 관련해 아주 중요한 원리와 방법이에요. 물고기에는 머리가 있고 몸통이 있고 꼬리가 있잖아요. 우리가 공동체를 만들고 세우려면 사람들이 꼬리로부터 먼저 들어옵니다. 교회의 새 가족반 같은 거죠. 그래서 꼬리로 들어와서 이제 몸통으로 넘어갑니다. 이 과정에서는 관계 맺기나 성경 공부 등이 이뤄지

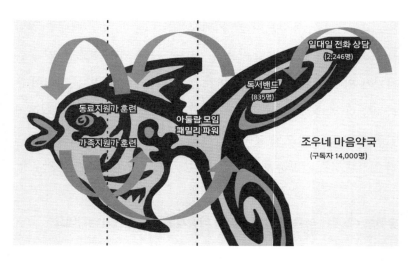

일대일 전화 상담
(2,246명)

독서밴드
(835명)

동료지원가 훈련

아둘람 모임
패밀리 파워

가족지원가 훈련

조우네 마음약국
(구독자 14,000명)

'물고기형' 흐름도 (어.머.나.)

겠죠. 그래야만 몸통으로 갈 수 있어요. 그리고 이제 머리가 되는 건 리더십 훈련이니 제자 훈련 같은 프로그램을 거쳐야 합니다. 꼬리(새 가족)로 들어오지만 결국에는 머리(리더) 역할을 해야 하는 거예요. 우리 아이들하고 온라인 커뮤니티를 구축하는 일을 할 때도 이 물고기형을 떠올렸어요.

방금 말씀하신 '물고기형'과 〈조우네 마음약국〉은 어떻게 연결이 되는 건지요?

고: 머리, 몸통, 꼬리, 꼬리 밖, 이렇게 모두 네 등분으로 물고기형이 나뉘거든요. 현재(2023년 11월 말 기준) 〈조우네 마음약국〉 구독자가 1만 4천 명입니다. 그런데 이 채널에 연결된 이들 가운데 어떤 사람은 꼬리에 들어온 사람도 있고, 또 상당수는 꼬리 바깥 언저리에 머물고 있을 거예요. 그러다가 카톡 일대일 상담을 신청하고 지속적인 교류를 하게 되면 확실하게 꼬리로 들어온 사람들인데, 현재 2천 300명이 조금 못 됩니다. 그다음에 독서밴드가 835명, 청년 단톡방에도 22명이 있는데 이들은 몸통까지 들어온 사람들이지요. 머리에 해당하는 사람은 우리 가족을 포함해 10여 명입니다. 결론적으로 저는 꼬리에 있는 사람들을 몸통으로 들어오게 하고, 또 이 사람들을 리더가 되게 하는 목표를 갖고 있어요. 이 '물고기형' 구조는 일종의 인큐베이팅 시스템(양육 체계)에 해당하는데, 우리끼리는 '어.머.나'라는 이

름을 붙였어요. 꼬리에 유입된 이들은 '어? 이런 모임이 다 있네' 하며 호기심을 갖게 되고, 몸통으로 넘어가면 '이 모임이 대체 뭐지?' 하면서 관심을 키워 가고, 머리까지 들어오면 관점의 변화가 일어나 '나도 가족지원가나 동료지원가가 되어서 아픈 사람들을 도와야겠다' 하며 결단에 이릅니다.

설명을 듣다 보니 교회 세우기나 교회 성장과 흡사하게 흘러가는 것 같다는 생각이 듭니다.

고: 안 그래도 큰애가 그러더라고요. '1만 명 목회하는 것 같다'고요. 정말 그래요. 교회와 다른 점은 헌금하는 시간이 없다는 거죠. 정말 1만 명 목회하는 거나 마찬가지의 일들이 일어나고 있어요. 이런 마음으로 사역을 하면서 또 정품교회 운동을 펼쳐 가는 거지요.

교회와 달리 아픈 분들이 중심이 되어 모이는 거라서, 어떤 가치에 우선 순위를 두는지도 매우 중요할 거 같은데요.

고: 제가 세 가지 강조하는 게 있습니다. '첫째, 가장 심각한 정신 질환에서도 완전히 회복되는 것을 믿는다.' 물론 대다수는 평생 약 먹으면서 통원 치료를 받아야 하지만, 그래도 완전히 회복된 케이스들이 있거든요. 이미 얘기했지만, 우리 아내 같은 경우가 그런 거죠. 대

학교 때 잠시 조울증 2형으로 있다가 완전히 회복했거든요. 드물더라도 완전히 회복된다는 희망과 믿음은 아주 중요하다고 봅니다. '둘째, 회복을 위해 공동체, 특별히 가족의 힘을 믿는다.' 여기서 가족 관계는 굉장히 중요합니다. 우리가 그것을 몸소 겪었으니까요. '셋째는 포노 사피엔스 시대의 비대면 소통의 회복력을 믿는다.' 지금 의외로 사람들이 온라인 소통으로 좋은 일이 일어난다는 사실을 많이 의심하는 것 같아요. 그런데 실제로 경험하고 나면 사람들이 달라지는 게 보여요. 점점 달라지거든요. 공부를 많이 한 사람이든 안 한 사람이든 관계없이 변화가 일어나요. 그래서 저는 비대면 소통이 지닌 회복력을 믿는 거예요.

그렇게 조금씩 변화를 경험하고 회복된 사람은 결국에는 '머리' 역할을 감당할 수도 있겠네요.

고: 그와 관련해 저는 자신의 정체성을 '상처 입은 치유자'에 두고 스스로 그렇게 받아들이는 게 중요하다고 생각해요. 그런 면에서 그들을 '스타 메이커'가 되게 한다는 목표를 갖고 있어요. 제가 평소 다니엘서 12장 3절을 은근히 많이 강조합니다. "지혜 있는 사람은 하늘의 밝은 빛처럼 빛날 것이요, 많은 사람을 옳은 길로 인도하는 사람은 별처럼 영원히 빛날 것이다."(새번역) 이 말씀을 바탕으로, 우리가 많은 사람을 옳은 길로 인도하는 그런 스타가 되고 그런 스타를 만드

는 스타 메이커가 되자고 강조하거든요. 여러분의 자녀들이 스타가 되게 하자, 그리고 부모인 우리는 스타 메이커가 되자 하면서 응원하고 격려하는 거지요.

요즘에 만나거나 상담하는 분들 중에서 조금 더 신경 쓰이는 케이스가 있나요?

고: 몇 달 전에, 넓게 봐서 의료 분야에서 일하는 분과 상담을 했거든요. 그분 아들이 조울증이 있는데 그에 관한 정보와 지식이 너무 초보적인 수준이라서 놀랐습니다. 그런데 더 놀랐던 것은, 아들의 병이 다른 사람들에게 알려지는 데 대한 두려움이 너무 큰 거예요. 아마 그분이 어울리는 계층과 그들의 가치관을 떠올릴 때 그럴 수 있다고 생각은 해요. 그렇다 하더라도 너무 예민해서 제가 많이 놀랐어요. 우리도 정신질환 커밍아웃을 막 강조하지는 않아요. 그런 건 자연스럽게 되는 것이지 억지로 의도적으로 노력한다고 되는 게 아니거든요. 그럼에도 불구하고 기본적인 마음의 태도가 중요하잖아요. 그런 면에서 하여튼 당사자의 아버지이고 부모인데도 그 오해와 편견이 만들어 낸 사회 통념 때문에 너무 큰 두려움을 느끼는 것을 보면서 다시 한번 실감했어요. 이런 병을 공론화하고 공개한다는 것이 얼마나 어려운 일인지를요.

김: 저는 안쓰러우면서도 감사한 사례가 있어요. 그러니까 죽기 전에 상담이나 한번 하고 죽어야겠다 결심했던 분이에요. 30대 초반의 청년인데, 자살 시도를 했다가 실패했고 다시 죽으려고 마음먹었는데 마지막으로 제게 연락을 한 거죠. 죽더라도 상담이나 받아 보고 죽자고요. 상담비를 두 시간치를 내더라고요. 두 시간에 걸쳐 좀 길게 이야기하고 죽겠다는 마음이었던 거죠. 그런데 제가 "오늘 상담은 일단 한 시간만 하고 나머지 한 시간은 조금씩 쪼개서 매주 전화를 주겠다"고 했어요. 그래서 매주 전화를 주는데 한 주가 지나니까 조금씩 바뀌는 게 느껴졌어요. 그때 아주 간단한 숙제를 내줬어요. 매일 산책을 하라고 권했고, 감사기도 하는 법을 알려 주면서 그렇게 해보라고 했어요. 그런데 그렇게 몇 차례 하니까 좋아졌다는 거예요. 무엇이 좋아졌느냐고 물으니, 자기가 잘 때 악몽을 꾸고 식은 땀도 많이 흘렸는데 상담하고 숙제도 하면서 마음에 평안이 왔다고 그러더라고요. 그래서 정말정말 잘했다고 칭찬해 줬어요. 그 뒤로 아둘람 모임에도 한 번 왔었어요. 얼마 전에는 전화하니까 안 받아서 걱정을 했는데, 나중에 문자가 왔어요. 취업이 되었다고요.

한 시간에 걸쳐 상담하는 동안, 그 시간을 통해 죽음을 이겨 내는 힘이 작용한 걸까요?

김: 그 친구에게 다시 전화를 걸어서 물어봤어요. 나하고 처음

통화할 때 죽으려고 생각했던 사람 맞느냐고요. 그러면서 그때 심정이 어땠는지 다시 물었더니, 정말 죽으려고 했다는 거예요. 한 사람이 어떤 생각 끝에 한순간에 죽음을 선택하게도 되지만, 다른 한순간에 살아야겠다고 마음먹는 의지가 생기게도 되는 거지요. 그래서 누군가가 이렇게 곁에서 한마디라도 거들고 북돋아 주는 게 정말정말 중요하다고 봐요.

직장 생활이 약이 되다

자살을 결심했던 그 30대 청년이 나중에는 취업까지 했다니 정말 놀라운 반전이네요. 직장 생활에서 얻는 스트레스나 어려움 때문에 병을 얻기도 하지만, 직장 생활이 병을 이겨 내게 하는 뒷받침이 되는 사례 아닌가요?

고: '월급이 치료다'라는 말이 있잖아요.(웃음) 직장 생활이, 월급이 중요하지요. 그 청년처럼 일을 못 하고 있다가 일을 하게 되고, 거기에 대한 정당한 대우를 받는 것은 큰 치료 효과가 있을 테니까요. 물론 월급을 받는 일을 하는 것은 한편으로는 엄청난 스트레스가 되지요. 스트레스를 감당하기 어려울 정도의 일을 하게 되면 재발 가능성도 높아지고요.

유형도 다양하고, 원인을 명확하게 분석하고 이끌어 낼 수 없는 것도 정신질환의 특징이 아닌가 합니다. 직장 생활처럼 조직 사회 안에서 인간관계를 쌓아 가면서 복합적인 상호작용을 해야 하는 경우는 더욱 그렇지 않을까요?

고: 우리 청년 조울러들 가운데 직장 생활을 하고 있는 친구들을 유심히 살피고 있어요. 한 청년은 아주 엘리트인데요. 전문직 분야에서 일하다가 지금은 1년을 쉬고 있어요. 처음에는 자기가 우울증이 있다는 것을 인정하지 않았어요. 우리 방송을 계속 보면서 스스로 인정하게 된 케이스였지요. 이 청년은 자기가 우울증이라는 게 알려지는 상황을 굉장히 두려워했어요. 고위 공무원이 되고자 하는 계획이 있는데, 이런 병이 있다는 게 알려지면 승진이 어려워지겠죠. 물론 자기 병을 밝히면서도 활발히 일하는 분들이 곳곳에 있지요. 그렇더라도 워낙 질병의 요인과 상황의 스펙트럼이 다양하고, 증상도 복잡해서 무엇이 문제인지 도출해서 섣불리 개입해서는 안 될 일이지요.

정신과 의사들도 병의 원인이나 처방에 대해 규명하고 판단하는 데 어려움이 있을 것 같은데요. 24시간 내내 당사자와 붙어 있는 게 아니고, 진료 시간은 한정되어 있으니까요.

고: 일반적으로 정신과 의사들의 주류에서는 발병 원인을 대개 생물학적 요인으로 많이 봅니다. 그러니까 유전적 요인 또는 어떤 생

물학적 취약성으로 보기 때문에 약물이 주된 치료법이 되는 거예요. 그러나 약물 치료가 전부가 아니라고 주장하는 비주류 그룹이 있어요. 양의사들 중에도 있고, 한의사들 중에도 있어요. 개인적으로는, 비주류 쪽 주장 중에는 임상 결과가 없는 이야기들도 많아서 신뢰하는 편은 아니에요. 예를 들어, 한약에 대한 효과 여부를 두고 토론이나 논쟁을 많이 합니다. 제가 여러 케이스를 보면서 종합한 결론은, 치료제는 양약이어야 하고 한약은 장기적인 보조제 정도로 여겨야 한다는 겁니다. 실제로 자신이 우울증을 겪으며 오랫동안 스스로를 관찰하며 임상을 했던 한의사도 그런 결론을 내렸어요.

정신질환은 정말 증상도 다양하고 복잡한 데다 복합적이거나 경계를 오가는 경우도 있어서 원인과 치료 측면에서 더 조심스럽고 어렵게 느껴지는 것 같습니다.

김: 그렇지요. 정신병이 아닌 신경증으로 접근하는 경우, 주로 심리적 문제나 성격 문제로 보아서 성장 환경이나 부모와의 애착 관계 등을 살피거든요. 그런데 정신병과 신경증을 넘나드는 경계성인 경우에는 더 복잡해져요. 그런데 경계성이든 아니든 '인격장애'(personality disorder, 성격장애)라고 하는 지속적인 사회 부적응 행동이나 대인관계 갈등 증상이 나타나면 굉장히 힘들지요. 이 경우 약물 치료가 듣지 않는다면 인지 행동 치료를 해야 하는데, 장기적인 인지 행

동 치료가 현실적으로 가능한지 따져 보면 어려운 경우가 많아요. 그 중에서도 정말 더 어려운 건, 자기애성 인격장애(narcissistic personality disorder)입니다. 이것은 과도한 인정욕구나 성공욕구와 함께 자신에 대한 과대평가, 타인에 대한 공감 결여를 특징으로 하는 정신질환인 데요, 〈조우네 마음약국〉을 하는 과정에서 계속 공부하면서 알게 되었어요. 이를테면, 자기애성 인격장애는 일관되지 않은 부모의 양육 태도로 인해 자기 안에 어떤 걸 완벽하게 추구하다가 생겨나는 경우가 많다고 해요. 어떤 대상을 너무너무 좋아하다가도 뭔가 완벽하지 않은 면을 발견하면 완전히 반대 극단으로 가는 거예요. 그 저변에는 자기가 버림받을 것 같은 어떤 불안한 마음이 늘 깔려 있다고 하는데요, 이런 경우 자신의 의식 구조를 자각하고 상담 치료를 받으면서 약물 치료도 병행하는 게 가장 이상적이라고 해요.

정신질환을 겪는 이들 곁에서 가족이나 친구, 직장 동료, 신앙공동체 구성원들이 일종의 완충 역할을 어떻게 해줄 수 있을지도 고민해야 할 대목이라는 생각이 듭니다.

고: 그래도 완충까지는 어찌어찌 하겠는데, 어떻게 그다음 단계로 자연스럽게 이어 갈지를 더 논의해야 할 것 같아요. 시간과 경험이 더 많이 필요하겠지요. 우리 〈조우네 마음약국〉 구성원의 일상이 주변 조울러들이 응급 상황을 이겨 내는 데 기능하면 좋겠어요.

아픔의 연대가
낳는 힘

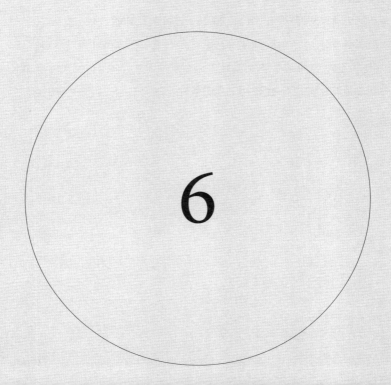

6

치료의 출발은 자신이 처한 상태를 올바로 인식하고 인정하는 데 있다. 자신이 치유와 치료가 필요한 상태라는 사실을 받아들이는 일이 그만큼 중요하다. 이 일은 먼저 아픔을 겪고 치료와 회복 경험이 있는 사람을 만나고 서로 연결되고 소통하게 되면 한결 쉬워질 수 있다.

문제는 연결과 연대의 장으로 자신을 드러내어 치료의 길에 나서기보다는, 스스로 설정한 '안전지대' 안에 자신을 더 꼭꼭 숨기는 경우가 적지 않다는 데 있다. 그 결과, 병적 증상의 '인격화'가 진행되어 치료의 가능성이 희박해진다. 이 난공불락의 '견고한 진'을 어떻게 허물 수 있을까?

동병상련, 아픔의 연대

앞서 온라인 상담이 오프라인 만남, 심지어 베이징에서 샌프란시스코 사이의 국제적 만남으로 이어진 사례와 함께 국경을 넘어 환우 가족들이 소통하는 대화 채널도 있다고 하셨습니다. 이런 만남과 소통으로 함께하는 모습은, 특히나 정신질환이라는 민감한 영역에서는 서로 신뢰하지 않고는 어려운 일 아닌가요?

김: 서로 연결된다는 것은 참 감사한 일이죠. 누군가에게 도움을 주고, 누군가로부터 시의적절한 도움을 받는다는 것은 정말 놀라운 일이고요. 그런 점에서 알고 지낸 시간이 짧더라도 두터운 신뢰가 쌓이는 것 같아요. 그렇게 연결된 분들 중에는 자기 딸이 조울러이면서 알코올 중독인 아주 어려운 케이스도 있었는데, 그걸 극복한 경험이

있는 부모님도 있어요. 정신병원과 재활센터에 적극적으로 찾아가서 결국 딸을 재활시킨 거죠. 그 딸이 재활센터에서 공부도 하고 일상생활 훈련까지 받고 난 뒤 대학원에 입학했어요. 대학원에서 공부하면서 '정신질환자들이 어떻게 회복하여 사회에 공헌할 것인가'를 주제로 논문을 써서 굉장한 갈채를 받았대요. 세계 곳곳의 이런 사연을 가진 분들과 연결이 되고 있어요. 물론 이렇게 서로 연결되어 최선을 다해서 도와주더라도, 최종적인 선택은 당사자들이 하는 거니까 치료 과정을 밟고 회복하기까지는 많은 노력과 시간이 필요하지요.

회복 스토리를 가진, 그러니까 동일한 상처를 지닌 이들이 함께하는 연결과 소통의 공간이라서 특히 더 도움이 될 것 같습니다.

김: 회복된다는 것은 정말 큰 대가를 치렀다는 이야기이기도 하지요. 비용도 굉장히 많이 들어갔을 거고요. 어떤 엄마는 한 달에 1천만 원이 넘는 치료비를 자녀의 회복을 위해 쓰기도 하고요. 예를 들어, 미국 사회에서는 조울증이 알코올이나 약물 중독과 만나게 되는 케이스가 많아요. 이런 경우는 '더블 트러블'(중복정신질환)이라고 해서, 전문 기관의 도움 없이는 재활이 어렵거든요. 이런 경험을 밟아온 사람이 연결되어 있으면, 정말 큰 도움이 되지요.

둘 중 어느 하나만으로도 정말 힘들겠는데 '더블 트러블'을 얘기하시니까 아

예 상상이 잘 안 됩니다. 당사자나 가족이 얼마나 힘들고 어려울지 짐작조차 못하겠네요.

고: '더블 트러블' 관련해서는 이런 사례도 있어요. 제가 몇 달 전에 상담했던 청년은 우울증 때문에 상담을 시작했는데, 더 깊은 고민은 다른 데 있었어요. 이 친구가 초등학교 4학년 때부터 자신이 동성애적 성향이 있다는 걸 알았던 거예요. 그런데 제가 보기에 이 청년이 예수님을 아주 잘 믿는 친구거든요. 우울증 자체는 많이 좋아졌는데, 동성애와 관련한 자기 문제는 더 심각해진 거예요. 보통 우리가 동성애자라고 하면 성적으로 난잡할 거라는 편견이 있는데, 이 친구는 전혀 그렇지 않고요. 자기의 동성애적 성향과 신앙 사이에서 굉장히 괴롭게 싸우고 있었어요. 나름으로 도움이 될 만한 곳을 알아보고 소개해 줬는데, 이 친구도 이미 다 알아본 곳들이더라고요. 그 상태에서 상담은 일단 마무리가 되었는데, 저도 그 문제를 다루는 것이 여전히 고통스럽고 고민스러워서 그 친구가 어떻게 지내는지 문득문득 떠올라요.

상담을 하면 다들 너무 고통스럽고 아픈 이야기를 하잖아요. 그런 이야기를 계속 들어 주는 게 지치거나 힘들지는 않으신지요?

고: 이전에 알았던 사람들 중에도 몇몇이 제게 상담을 청해 옵니

다. 두 아들이 많이 아팠던 것을 아니까, 유사한 아픔을 겪는 이들이 제게 연락을 해오는 거지요. 그중에는 엘리트도 적지 않아요. 한 사람은 자기 아내에 대한 고민이었어요. 바깥에서의 생활은 그렇지 않은데, 집 안에서의 생활은 귀신에 들린 건가 싶을 정도로 심각하다는 거예요. 정신질환을 겪었던 적이 전혀 없는데도요. 얘기를 들어 보니, 원래 증상 자체는 강박증이었던 것 같은데 오래 지속되니까 인격장애까지 온 모양이에요. 그 상태로 결혼생활을 30년 넘게 이어 온 거죠. 겉으로는 정말 남부럽지 않게 사는 부부 같았는데 말이에요. 이런 이야기를 들으면, 우리 사회에 얼마나 더 많은 숨은 환자가 있을까 하는 생각이 들 수밖에 없지요. 물론, 제 두 아들이 오랫동안 조울증을 겪어 왔다는 게 사람들에게 널리 알려지니까 제게 그런 얘기를 많이 하는 거겠죠. 뭐라고 해야 하나, 그런 얘기를 하는 분들이 저를 약간 만만하게 보는 부분이 있는 게 아닐까 하는 생각이 들어요. 기분 나쁜 의미에서 만만하게 본다는 게 아니라, 그들이 지닌 두려움과 경계심을 무장해제한다는 의미에서 '만만함' 말이죠.

사회적으로 엘리트 계층에 속하는 사람들의 경우, 정신질환을 대하는 양상이 좀 다른가요?

고: 글쎄요. 사람마다 상황마다 다 다르지 않을까 해요. 다만 가진 게 많은 사람은 아무래도 병이 알려지면 그것을 잃게 될까 봐 두려

움이 더 크지 않을까요? 겉으로는 대기업 임원 같은 사회적 위치나 경력이 화려한 사람들인데, 어떤 분은 자녀 때문에 정말 죽고 싶다고 말하더라고요. 다른 방법이 없느냐고요. 정확히 진단을 받고 약을 먹어야 하는데, 그게 어려운 거죠. 강제로 입원시킬 수도 없고요. 본인이 자각을 해야 치료가 시작될 수 있기 때문에, 부모로서는 암담할 수밖에 없지요. 조울증인 경우, 약을 먹으면서 치료하면 5년이 걸리든 10년 걸리든 서서히 회복의 길에 들어서거든요. 시간이 오래 걸리고 심신이 두루 곤고해지긴 하지만 그래도 회복이 되는 거잖아요. 그런데 엘리트나 부유층은 그들의 사회적 지위가 현재의 상태를 회피하게 하는 작용을 하는 것 같아요. 일반인의 경우, 어떻게든 살아야 하기 때문에 병을 치료하거나 그렇지 않더라도 금방 주변 사람들에게 노출이 될 거거든요. 하지만 엘리트나 부자는 밖으로 알려지지 않을 방법을 더 많이 찾을 수 있기 때문에, 안전지대 안에 숨어 버리는 거지요.

'안전지대'와 '견고한 진' 허물기

'안전지대'라는 표현이 아주 역설적으로 다가옵니다.

고: 어떤 친구는 한번 기분이 다운되면 완전히 그냥 잠수를 탑니다. 돈이 많으니까 호텔 같은 데 가서 1~2주씩 틀어박혀 지내는 거지

요. 일반적이지는 않지만, 이렇게 되면 상황을 직면할 기회보다는 회피할 기회가 더 많아집니다. 호텔에 들어가는 돈을 치료하는 데 집중해서 쓰면 좋겠는데, 계속 자기만의 안전지대로 숨어 지내는 판단을 하다가 치료가 더 어려워지는 악순환에 빠지죠. 죄송한 이야기일 수 있지만, 안전지대가 무너져야 해요.

정신질환은 조기에 발견해서 치료하는 게 중요하다고 늘 강조하셨는데, 본인이 인정하지 않고 주변에서도 알아차릴 수 없다면 더 심각한 상황으로 빠져들 텐데요.

고: 좀 더 여유를 두고 지켜보다가 치료 시기를 놓치는 경우가 많이 있어요. 대개 처음에는 우리 아이가 성격이 조금 안 좋은가 보다 정도로 생각합니다. 나이 좀 들면 언젠가는 나아지겠지 생각하다가 20대, 30대가 되어서는 증상이 더 심해지고 그때는 외부에 알리지도 못하고 속으로 끙끙 앓기만 하는 거죠. 그러다가 저를 찾아와 털어놓는 것은 제가 좀 안전하다고 생각하기 때문이겠죠. 하지만 저도 거기에 대해서는 묘수가 없어요. 그들이 체면을 굉장히 중시한다거나 유난스럽게 더 이중적이고 위선적인 유형의 사람들이라서 숨기려고만 하느냐 하면, 꼭 그렇지도 않거든요.

묘수를 낼 수 없는 이유는 무엇보다 당사자가 인정을 하지 않는다는 점, 그리

고 아무래도 밖으로 오픈할 상황이 아니라서 그런 것이겠지요?

고: 차라리 밖에 나가서 사고를 치고 그러면, 다른 방법이 없으니까 치료 프로세스를 생각할 수밖에 없겠죠. 그런데 앞서 언급한 케이스들은 밖으로는 전혀 노출이 안 되는 경우라서 그만큼 더 어려워요. 억지로 노출을 시키는 것도 힘든 일이잖아요. 정신질환을 고치려면 의사와 내담자 사이에 어떤 구조화된 특수한 여건이 구축되어야 하거든요. 병원에 등록하고 일정한 진료 시간을 할애받고 단계별로 치료하는 과정을 밟아야 해요.

김: 그러니까 치료를 안 하고, 그 안 좋은 증상들을 계속 반복하면 그게 습관이 되고 나중에는 인격이 되는 거거든요. 그래서 '인격화'됐다는 말은 그만큼 치료하지 않은 채 시간이 오래 흘렀다는 얘기인 거고요. 그렇게 되면 역으로 그만큼 치료 시간이 오래 걸린다는 말인데요. 조울증은 증상이 확 티가 나는데, 인격장애는 평상시에 티가 잘 안 나거든요. 오늘 기분이 많이 안 좋은가 보다, 요즘 기분이 별로 안 좋은가 보다 하면서 넘기거든요. 그야말로 물이 뜨거워지는지도 모르고 점점 열에 데워지는 냄비 속에서 헤엄치는 개구리의 모습이지요. 미지근한 물이라고 생각하기 때문에 개구리는 빠져나올 생각을 못 하는 거잖아요. 정신질환 증상이 성격으로 형성되는 과정도 그래요.

두 아들 하영(좌)·하림 씨와 고직한 선교사(중앙). ⓒ 뉴스앤조이

당사자나 가족을 상담하거나 만나시는 과정에서, 치료 가능성이 어렵거나 희박한 상황도 자주 마주하실 것 같습니다. 어렵게 자기 상태와 직면한다고 해도, 고도의 치료 과정과 높은 치료비, 충분한 치료 시간이 누구에게나 허락되진 않을 텐데요.

고: 성경에 보면 '견고한 진'이라는 말이 있잖아요. 고린도후서 10장 4절 "우리의 싸우는 무기는 육신에 속한 것이 아니요 오직 어떤 견고한 진도 무너뜨리는 하나님의 능력이라. 모든 이론을 무너뜨리며"라는 구절인데요. '견고한 진'에 딱 사로잡혀 있는 경우가 있는 거죠. 크리스천이라면 그런 상태나 상황에서도 성령과 함께 치열한 영적 전투에 나선다는 각오를 품고 좋은 방향으로 갈 수 있겠지요. 하지만 안 믿는 사람의 경우에는… 잘 모르겠어요. 안 될 거예요, 치료가. 많은 경우는요….

그만큼 어렵긴 하지만, 신앙이 견고한 진을 허무는 큰 역할을 할 수 있다는 말씀으로도 들립니다.

김: 그렇죠. 최근 우리 아둘람 모임에서 저희에게는 굉장히 격려가 되는 일이 있었어요. 우리 이야기를 방송에서 접하고 조울증 자녀를 둔 어머니 한 분이 어찌어찌 수소문을 해서 연락을 해왔어요. 유튜브 방송에서 칼을 든 하림이를 꼭 끌어안아 줬다는 이야기를 했는데,

그 영상을 자기 남편에게 보여 줬대요. 그 남편은 자식이 그런 행동을 했을 때 욕하면서 내쫓았다는 거예요. 그 남편분이 우리 방송을 보고 그랬대요. "이 사람은 진짜 목사네. 이런 일 하려면 돈이 필요할 텐데 당장 돈부터 보내 주세요."

'신경신학' 관점으로 본 탕부 하나님 이야기

그러니까 사실상 이런 정신질환 관련 내용이나 이야기들이 그동안 교회에서는 거의 들을 수 없었지 않습니까. 그렇기 때문에 제대로 된 신학적인 이해나 통찰, 의학적인 정보와 지식이 많이 필요하다는 생각이 듭니다.

김: 이 어머니는 정말 가정에서 홀로 자녀를 돌보고 챙기려고 애썼던 분이에요. 그런데 아무에게서도, 교회에서도 이해를 받지 못해 코너에 몰려 있었던 상황이었는데, 지금은 아둘람 모임에 나오면서 신학적·신앙적 돌파구를 마련하고 있어요. 물론 다른 문제들이 여전히 산적해 있지만 핵심이라고 할 수 있는 신앙을 붙잡고 있으니까 희망이 생긴 것 아닌가 그런 생각이 들어요.

고: 지금 인터넷에 좋은 설교나 특강이 넘치잖아요. 그런데 크리스천의 관점에서 이런 정신질환 이슈와 관련해 바르게 이해하고 극

복하기 위한 말씀이 거의 없어요. 그래서 제가 마음에 부담을 갖게 된 거죠. 매주 아둘람 모임을 할 때 그분들에게 초점을 맞춘 말씀을 준비해서 나누는데요, 이런 말씀을 필요로 하는 사람들이 많았구나 할 정도로 반응이 구체적으로 오고 있어요. 온라인에서 그분들과 일대일로 맞춤형 멤버십 케어를 하려고 준비 중이에요. 불특정 다수에게 하는 것이 아니라, 소박하게라도 특정한 분들의 상황에 맞는 말씀을 나누고 싶어요.

그런 측면에서 앞서 '신경 신학'을 언급하시기도 했는데요, 특별히 신경신학적인 관점에서 아둘람 모임 때 전하신 말씀이 있는지 궁금합니다.

고: 특별히 '탕부(蕩父) 하나님'(the prodigal God)에 관해 이야기했어요. 여기서 방탕하다는 의미의 '프로디걸'(prodigal)은 무모할 정도로 헤프다는 의미잖아요. 사실 옛날부터 누가복음 15장의 유명한 '탕자 비유'를 읽고 묵상했지만 '탕부 하나님'이라는 개념은 없었어요. 그런데 이번에는 돌아온 탕자의 비유에 대한 제 오해를 바로잡는 측면에서 묵상을 하고 설교를 했어요.

첫 번째 오해는 그동안에는 초점이 돌아온 탕자에 맞춰져 있었다는 겁니다. 그런데 그게 아니라 사실은 '기다리는 아버지'에게 초점을 맞추어야 한다는 거예요. 두 번째 오해는 아버지가 집 나간 아들을 기다리는 데 굉장히 수동적이었다는 생각입니다. 그게 아니라 사실은 굉장히 적극적이었어요. 세 번째 오해는 큰아들 얘기를 갑자기 뜬금없이 나오는 엑스트라처럼 여긴다는 거예요. 근데 사실 큰아들은 엑스트라가 아니라 악역으로서 주인공인데, 이 큰아들이 바리새인들을 상징하잖아요. 이걸 오늘날에 적용해 보면, 교회는 열심히 다니고 있지만 사실상 '헤픈 아버지'의 마음을 모르는 수많은 크리스천을 대표하는 얘기이기도 하지요. 물론 헤픈 탕부 하나님 얘기는 팀 켈러 목사가 쓴 표현입니다. 하나님을 수식하는 이 'prodigal'은 무모할 정도로 헤프게 베풀고 남김없이 다 써버린다는 뜻을 담고 있는데, 이게 어떻게 보면 조증하고 비슷한 점이 있지 않나 싶어요. 그러니까 탕부 하나님을 얘기하면서 조울증에 대한 얘기를 같이 할 수 있는 거죠. 우리는 모두 그처럼 무모할 만큼 헤픈 하나님의 사랑을 입은 존재들입니다. 그렇기 때문에, 결국 우리 아이들과 관련해서 우리가 버틸 수 있는 힘도 그 탕부 하나님의 사랑에서 온 것이었다는 사실 외에는 달리 할 말이 없는 거지요.

지치지 않고
걷는다

7

여섯 차례 인터뷰를 한 뒤로 1년 반 정도 시간이 흐른 뒤
마무리 인터뷰를 하기 위해 다시 만났다. 조마조마한 마음이 반,
확인하고 싶은 마음이 반이었다. 선하고 옳은 일을 하지만 절대 쉽지 않은
현실에 부닥쳐 지치고 멈춰 서는 개인이나 단체를 많이 봐 왔기 때문이다.
그동안에도 변함없이 꾸준히 사역과 활동을 이어 오고 있었는지,
어떤 새로운 일이나 변화가 일어나고 있는지 확인하고 싶었다.

아둘람 수련회 이야기

여름이 지나고 있습니다. 그동안 어떻게 지내셨는지요?

고: 우리는 아주 뜨거운 여름을 보냈어요. 일단 개인적으로는 집 근처 모락산 둘레길을 하루에 두 시간 정도 걸었어요. 무더운 날에도 산속에 깊이 들어가면 시원해서 굉장히 좋았어요. 물론 땀이야 많이 나지만, 숲속을 걷는 게 정말 행복했지요. 부부 동반으로 동해를 다녀왔는데 그것도 좋았고요. 그 외에 집에 있을 때는 에어컨하고 선풍기를 끼고 살았어요.

지난 인터뷰 때 아둘람 모임 이야기를 했었는데요, 혹시 여름 사이에 수련회 같은 특별한 모임도 진행하셨나요?

고: 했어요! 6월 말부터 2박 3일 동안 아둘람 수련회를 가졌어요. 수련회 주제는 "나의 고통, 나의 힘, 더불어 풍성한 삶"이었어요. 가족 단위로 참석하는 수련회여서 숙소가 필요해 저희 수련회 장소 근처에 있는 모텔과 호텔로 잡았고요. 수련회를 위해 도보 거리에 있는 계원예술대학교 공간을 빌리기도 했는데 아주 만족스러웠습니다.

가족 단위로 참가했다고 하셨는데, 모두 몇 분 정도 오셨나요?

고: 어린아이들 6명 포함해서 모두 57명 정도 참석했어요. 첫해에는 38명이 참석했는데, 인원이 많이 늘었어요. 우리 수련회는 광고도 할 수 없고, 많은 분들이 참석하더라도 다 케어할 수도 없잖아요. 정서적·정신적으로 어려운 분들과 그 가족들을 중심으로 조금씩 모이고, 다들 자원해서 오는 거지요. 더구나 은둔하는 생활에 굳어진 사람이 낯선 사람들과 2박 3일을 보낸다는 게 결코 쉬운 일이 아니거든요. 그럼에도 전국 각지에서 다들 절실한 마음으로 참석해 주셨지요. 이번에 특별히 감사했던 것은, 나들목네트워크(nadulmok.org)의 리커버리 사역 관계자들이 와서 좋은 강의를 해주었다는 거예요. 그분들은 공동체가 심신의 회복을 위해서 어떻게 서로 관계 맺으며 살아가야 하는지 아주 많은 콘텐츠를 갖고 있더라고요. 더불어 사는 삶, 함께 사는 삶에 대해 우리 아둘람 사람들과 나눌 수 있는 아주 귀중한 시간이었어요.

우리가 자신이 겪는 질병을 안고 살아가야 할 때, 당사자로서는 가장 큰 문제이자 고민이 '앞으로 어떻게 살아갈 것인가?' 하는 점이 거든요. 모든 관계가 다 끊어지고, 상황은 더 어려워지는데 내가 과연 삶을 안정적으로 살 수 있을 것인가 하는 점이 늘 불안한 거죠. 그렇기에 사실상 좋은 커뮤니티를 찾는 게 답이 될 수 있어요. 물론 좋은 의사를 만나서 적절한 약을 처방받아 잘 먹는 건 기본이고요. 그런데 그 치료만으로는 한 사람의 온전한 회복이 이루어질 수 없어요. 약물적 치료가 30퍼센트 정도 역할을 한다면, 나머지는 관계와 커뮤니티를 통해 채워야 하는 거죠. 그래서 저는 비약물적인 치료로는 '공동체'가 최고라고 생각해요.

그런데 주변 사례를 보면, 공동체를 이루며 살아간다는 것이 그다지 쉬워 보이지는 않습니다. 친한 사람들끼리 모여서 살아도 갈등이나 마찰이 있어서 공동체가 깨지거나 일부가 떠나는 일이 생기지 않습니까?

고: 공동체나 개인이 처한 상황마다 다양하지 않을까 합니다. 제 생각으로는, 한 건물에 다 같이 모여 사는 것보다는 차로 10~20분 거리에 살면 되지 않을까 싶어요. 물론 공동의 공간이 아지트처럼 있는 건 좋긴 한데, 한 공간에서 함께 사는 것은 또 다른 어려움을 만들어 낼 거라고 봅니다. 그래서 가까운 거리에서 각자 자기 공간에 살면서 일주일에 한두 번 저녁 식사를 하거나, 문화 행사를 같이 누린다거나

하는 것으로 시작을 하면 어떨까 싶어요. 함께 모여 살지 않지만 주 1회 아둘람 모임을 하면서도 사람들이 많이 좋아졌거든요. 그래서 수련회도 열릴 수 있었던 거고요.

아지트 같은 공동 공간을 얘기하셨는데, 함께 모여 사는 공동체 이전에 아둘람 모임 같은 커뮤니티에도 그런 공간이 필요한 것 아닌가요?

고: 물론입니다. 카페에 가더라도 서로 편하게 대화하고 속에 있는 얘기를 꺼내려면 아무래도 주변 사람들이 신경이 쓰이거든요. 그런 경우 별도의 공간이 필요하지요. 우리 모임도 예산이 마련된다면 다양한 활동이 이루어지는 공동 공간을 꾸릴 생각을 하고 있어요. 작은 모임은 각각 따로 모이면서 라운지 같은 중앙 공간이 있어서 다 함께 모이거나 공연도 할 수 있는 그런 공간을 구상하고 있어요. 이런 공간이 하나의 리커버리 센터가 되어 위기 쉼터나 회복 쉼터처럼 쓰이는 방향으로 가는 거지요.

온전한 회복을 위해서는 커뮤니티가 중요하다고 했던 말씀과 연결되는 계획으로 보입니다.

고: 맞아요. 정서뿐 아니라 현실적으로도 매우 중요해요. 우리 아이들이 아플 때 병원에 들어가는 지출이 정말 많았어요. 입원비를

포함해 정말 많이 들었어요. 만약 그때 이렇게 오픈해서 대화를 나눌 수 있는 장이 있었다면, 그 돈을 확실히 절약할 수 있었겠죠. 요즘에는 비정상적으로 과도한 불안이나 공포로 인해 일상생활에 어려움을 겪는 정신질환인 불안장애(anxiety disorder)가 많아졌거든요. 불안장애는 심장 박동 증가나 소화 불량, 복통, 두통 같은 신체 증상으로 나타나는데, 이와 관련한 프로그램도 많이 생겼습니다. 당사자끼리 대화를 하거나 음악이나 미술 치료를 받는 프로그램이 계속 생겨나고 있는데요, 이런 프로그램을 진행하려면 어느 정도는 공간이 필요하잖아요. 그런 공간을 제공하면서 프로그램도 만들려고 합니다.

아둘람 수련회도 그런 커뮤니티 활동의 하나였다고 볼 수도 있겠네요.

고: 그렇죠. 우리도 활동을 해가면서 알게 되는 건데요, 고립형으로 은둔하는 분들이 가족들이랑 함께 와서 대화하고 맛있는 것 먹는 그런 활동 자체가 좋았던 것 같아요. 다들 정말정말 좋아했어요. 이런 자리를 통해서 그런 분들의 필요가 무엇인지, 절실한 부분이 무엇인지 저희도 새롭게 알아가는 중이죠. 그렇게 그들의 필요를 채워주기 위한 활동을 계속 발견해 나가고 준비하게 될 거라고 봐요.

아둘람 모임과 '4대 웨어'

아둘람 모임은 사실상 온라인 중심으로 하시는 거잖아요. 그럼에도 관계와 커뮤니티가 형성이 된다는 게 신기합니다. 제가 아는 온라인 모임들은 거의 다 실패했거든요.

고: 아둘람 모임은 참여하는 멤버 90퍼센트 이상이 온라인으로 모이는 분들입니다. 그래서인지 줌(Zoom)으로만 대하던 사람들을 수련회 때 실제로 만난다는 걸 신기해하는 반응이 많았던 것 같아요. 부담이 없지 않았겠지만, 진지함보다는 재미 요소를 더 부각해서 초청한 게 효과가 있었나 봐요. 아무튼 저는 온라인 커뮤니티가 가능하다고 느껴요. 그런데 오프라인으로 보완하거나 병행하는 것도 필요하다고 봐요. 우리 멤버 중에 누군가는 지방 곳곳 심방 다니듯이 구성원의 집을 방문하기도 해요. 부담되지 않는 선에서 들러 이런저런 대화를 나누고 오는 거예요. 우리 부부도 그렇게 하고요. 우리 결혼기념일에 공주에서 세미나가 있었는데요, 거기 참석하는 김에 아예 전주와 순천에 살고 있는 아둘람 식구들 집에 들러 심방을 하고 왔어요. 정말 좋아하셨죠. 조금만 더 여건이 되면, 전국 순회도 하고 싶은 마음이에요. 미국, 캐나다, 인도에서도 오라고 해요. 가면 최소한 숙식은 제공해 주겠지 싶어요.(웃음)

김: 우리 모임이 활성화될 수 있었던 요인 중 하나는 패밀리 파워라고 볼 수 있어요. 당사자만 있었다면, 모임이 들쭉날쭉했거나 없어졌을지도 몰라요. 가족이나 친구들이 곁에서 함께했기 때문에 온라인 모임 기반이었음에도 여기까지 이어 올 수 있었던 거죠. 또 한 가지 활성화 요인으로는 간절함을 들 수 있겠네요. 우리가 꾸준히 함께 기도해 주고 예배를 드리니까, 뭐랄까 아둘람 모임의 기도에는 힘이 있다고 느끼시는 것 같아요. 많이 아팠던 자녀들의 상태가 점점 좋아지는 모습이 실제로 보이니까 기도의 힘을 느끼시는 모양이에요. 이게 우리 기도의 힘이라기보다는, 그분들의 간절함이 워낙 컸는데도 정작 어떻게 기도할지 모르고 힘들어할 때 우리가 대신 기도해 주거나 함께 기도할 수 있도록 이끌어 준 결과가 아닌가 해요. 숨을 쉬기조차 힘들 때 숨을 쉴 수 있도록 우리 모임이 조금의 여유를 드린 거겠죠.

그동안 두 분을 만나면서 풀리지 않는 궁금한 점 하나가 있었는데요, 두 분의 활동과 사역 에너지는 대체 어디에서 나오는 것일까 하는 의문이었습니다. 역시나 기도의 힘인가요?

고: 글쎄요. 우리 두 사람 안에 있는 호르몬 요인이 가장 큰 것 같은데요.(웃음) 저는 항상 '우리는 도파민형 인간'이라고 농담처럼 얘기하곤 해요. 이 도파민이라는 게 흔히 '행복 호르몬'이라고 부르는

신경전달물질이잖아요. 제 안에 IVF 간사를 시작으로 오늘에 이르기까지 이른바 사명자의 길을 걸어오는 동안 그 마음이 한 번도 약화된 적이 없어요. 앞으로도 죽을 때까지 묵묵히 이 길을 감당하면서 제 사명을 다해야겠지요. 그런데 제가 의외로 구체적인 영역으로 들어가면 잘 못하는 일들이 많아요. 그래서 저는 오히려 '부채 도사'라도 되려고 해요. 무슨 얘기냐 하면, 누군가에게서 아주 작은 불씨라도 발견이 된다면 막 부채질을 해서 불이 타오르게 해주는 게 제 역할이라는 거예요.

김: 제 경우는 아무래도 남편 고 선교사 영향이 크다고 봐요. 남편 얘기를 하려니 좀 그렇긴 한데, 워낙 고 선교사가 청년들에 대한 사랑이나 열정이 큰 사람이잖아요. 지난 45년 동안 청년 사역을 해왔고, 지금도 청년들의 경제적 자립을 돕는 '청년의 뜰-청년미래은행'이라는 기관에서 현장 사역자처럼 활동하는 건 결국엔 그 동력인 거거든요. 그뿐 아니라 건강한 공동체를 이루어 가고자 하는 마음도 변함없이 큰 사람이에요. 그러니까 저는 청년과 공동체에 대한 남편의 그런 사랑과 열정을 가장 가까이에서 지켜보면서 지금까지 오다 보니까 이렇게 자연스레 남편과 함께 움직이게 된 것 같아요.

오랜 기간 사역해 오면서 여러 모임의 성패를 목격하거나 경험하셨을 텐데, 성숙하는 모임이 되기 위한 조건이 있다면 무엇을 꼽을 수 있을까요?

고: 제가 만든 조어 중에 '4대 웨어'라는 말이 있습니다. 하드웨어, 소프트웨어, 휴먼웨어, 스피릿웨어, 이 네 가지를 가리키는 말이에요. 예를 들어, 줌을 활용해서 모일 때 하드웨어는 온라인입니다. 소프트웨어는 그 온라인 공간에서 이루어지는 어떤 콘텐츠나 프로그램이고요. 이 두 가지보다 중요한 것으로 저는 스피릿웨어를 꼽습니다. 즉 모임을 이끌어 가는 정신, 에토스가 무엇인지가 중요하다는 얘기지요. 그런데 이런 스피릿웨어는 결국 사람에게서 나오잖아요. 휴먼웨어가 중요하다는 거죠. 희망과 용기와 약간의 재미 같은 걸 사람을 통해 얻을 수 있어요. 그러니까 '저 사람들은 심각한 병에 걸려도 웃을 수 있네. 대체 비결이 뭐지?' 이런 생각이 희망과 용기를 주는 거예요. 심각하고 무거운 상황을 웃으면서 얘기할 수 있다는 것이 정말 큰 힘이죠. 그러나 여기서 끝나면 안 됩니다. 자칫 모임이 넋두리나 하소연으로 그칠 수도 있거든요. 생명력과 희망, 회복으로 이어져야 하는 거죠. 그런 의미에서 서로 심방하고, 찾아가서 만나는 그런 사람들이 점점 늘어나고 있는 것은 고무적입니다. 에토스가 묻어 나오지 않고는 불가능한 일이에요.

모임 안에서 자발적으로 서로 버팀목이 되어 주는 일이 가장 이상적인 모습 아닐까요?

고: 그런 건 누가 시켜서 되는 일이 아니거든요. 책임감이나 의

무감으로 할 일은 아니니까요. 그 사람을 만나서 즐거웠고, 또 그 사람을 보고 싶고 격려하고 싶다는 그런 마음으로 찾아가고 만났을 때 자신이 얻는 유익과 도움이 있어요. 그래서 '4대 웨어'를 생각해요.

우리가 서로 연결되어 있다는 느낌을 갖는 것은 병의 유무를 떠나서 사회적 존재인 인간이 살아가는 데 매우 중요한 요소 아닌가 합니다. 그런 점에서 어찌 보면 두 분의 역할이 결국 사람과 사람 사이를 잘 연결하는 사역일 수 있겠다는 생각이 듭니다.

김: 아무래도 우리가 여러 사람과 상담을 계속하니까 자연스럽게 연결되는 경우가 많아요. 원하는 이들은 상담 후에 독서 밴드로 이어지고, 그중에 크리스천이면 아둘람 모임으로 연결되고요. 이 과정에서 서로 힘이 되는 관계를 맺게 되는 거지요. 놀라울 정도로 서로 필요가 딱 맞게 연결되는 분들이 있어요. 우리도 수십 년 경력의 상담가에게 상담을 받고 있어요. 우리 또한 연결이 필요한 존재니까요.

고: 좋은 사람들을 발굴해서 연결해 주는 사례는 점점 늘어나고 있어요. 우리가 꾸준히 활동하니까 관계망이 갈수록 넓어지고 있거든요. 세계 곳곳으로요. 한국에 있는 우리가 미국에 있는 사람들을 서로 만나게 해주기도 했어요. 미국 동부에 있는 정신과 간호사를 서부에 있는 사람에게 소개해 줘서 두 분이 함께 만났죠. 이미 말씀드린

것처럼 처음 시작은 유튜브였어요. 지금도 세계의 조울러들을 서로 연결하는 힘은 유튜브 〈조우네 마음약국〉에서 나오는 것 같아요.

그런 점으로 보아 이제 〈조우네 마음약국〉 유튜브 사역이 자리 잡혀 가는 거라고 봐도 될까요?

고: 자리 잡아 간다기보다 이제 시작 단계인 거죠. 〈조우네 마음약국〉을 통해 자신의 정신질환을 공개적으로 오픈한 사람들이 있다는 사실에 놀란 사람들이 호기심을 갖게 되어 여기까지 온 거예요. '사람들에게 내 병을 오픈해도 되나?' '병을 오픈하고도 저렇게 가족들과 재미있게 살고 있네!' 하면서 희망과 용기를 얻게 되니까 사람들이 연락을 해와요. 이제는 그분들이 우리처럼 자기 아픔을 오픈할 수 있도록, 그래서 다른 사람들에게 희망과 용기를 주는 삶을 살도록 도와야죠. 그런 분들이 많이 나와야 다음 단계로 갈 수 있으니까요.

정신질환으로 인한 아픔을 공개적으로 얘기하기에는 여전히 쉽지 않은 현실 아닌가요?

고: 그렇기 때문에 당사자는 물론 가족들도 고립이 되는 경우가 많아요. 친척들에게도 말을 못 해요. 결혼해서 따로 살고 있는 형제자매에게도 얘기를 안 하고요. 아무래도 스티그마, 즉 낙인을 두려워

하기 때문이지요. 사회적인 스티그마가 뒤따르더라도 자기가 스스로 극복하면 되는데, 문제는 일반 대중으로부터 오는 퍼블릭 스티그마보다 스스로 자기 자신에게 가하는 셀프 스티그마가 가장 치명적이에요. 자기가 아프다고 공개적으로 말하기는 정말 어려운 일이지요.

오픈 다이얼로그와 자가활동약

이런 현실 상황에서 목표로 삼고 계시는 네트워크의 모습이 있나요?

고: 외국에서는 이미 진행되는 방식이고, 우리나라에서도 조금씩 일어나고는 있어요. '오픈 다이얼로그'(Open Dialogue, 열린 대화)라는 거예요. 정신적 어려움을 가진 당사자와 사회적 네트워크 구성원들이 함께 모여 각자의 고유한 차이를 인정하면서 수평적인 대화를 통해 모임을 이어 가는 치료 방식입니다. 의사 같은 전문가 그룹은 물론 가족, 친구, 이웃 등이 자유로운 대화의 시공간을 만들어서 치료해 나가는 방식이지요. 1990년 핀란드에서 처음 시작되었는데, 정신적 위기를 겪는 당사자가 민주적 대화를 통해 입원이나 약 복용을 스스로 결정하는 거예요.

이 방식을 수십 년 동안 지속했는데 재입원율이나 재발률을 낮춘다는 연구 결과가 나왔어요. 이를테면, 강제 입원을 할 경우에는 당사자와 가족에게 엄청난 트라우마를 주거든요. 그런데 오픈 다이얼로그 방식을 통해, 경찰이나 사회복지사, 의료 전문가 등이 모인 자리에서 차근차근 대화로 풀어 가는 거예요. 환자가 원하는 사람이 있다면, 따로 불러서 참여시키기도 하면서요. 사회적 관계망을 최대한 활용하는 거죠. 외국의 경우에는 직장동료가 참여하기도 한다는데, 우리나라 정서로는 아직 그렇게까지 나아가긴 어렵겠죠. 그뿐 아니라 환자가 듣고 볼 수 있는 공간에서 오픈 다이얼로그 참여자들끼리 환자의 상태에 대해 토론하기도 해요. 갑론을박하는 대화를 보고 들으면서 환자가 스스로 깨달으라는 거죠.

오픈 다이얼로그는 처음 들어보는 개념인데, 두 분은 자녀 모두 강제 입원을 시키신 경험이 있지 않습니까.

고: 그렇기 때문에 우리 두 아이나 부모인 우리 모두 트라우마가 있어요. 그때 이런 오픈 다이얼로그 방식을 알았더라면 어땠을까요? 한국은 이제 막 시작 단계에 있어요. 이 방법이 정착하려면 의사들이 먼저 움직여야 하는데 쉽지 않아요. 굉장히 시간이 오래 걸릴 거예요. 일본의 경우는 제법 정착이 되어서 이와 관련한 연구 도서는 물론 만화책도 나왔어요. 우리말로도 번역되어 출간되었는데,《오픈 다이얼로그》(북앤에듀)라는 책이에요. 새롭고 신선했어요.

일본에서는 전문 연구서뿐 아니라 만화책까지 나와 있을 정도라니 놀랍습니다. 그런데 우리나라에서는 정착하기가 어려울 거라고 보는 이유는 무엇입니까?

고: 오픈 다이얼로그는 의사들 쪽에서 문턱을 먼저 낮추고 겸손하게 환자를 찾아가는, 어떤 '성육신'적인 접근법이거든요. 그런 점에서 우리나라는 일단 의사들이 여건이 안 되고요. 이건 단순히 방법론의 문제를 넘어 어떤 스피릿을 갖추는 것이 중요한데, 이런 마음가짐이 하루아침에 생겨나는 것은 아니니까요. 또 우리 사회에서는 정신질환에 걸리면 여전히 숨기기에 바쁜 게 현실이잖아요. 이런 사회적 분위기 속에서 숨기고 싶은 자기 약점을 드러내는 대화의 자리에 누군가를 부르는 건 쉽지 않은 일이지요.

그러면 일반인이 좀 쉽게 실천할 수 있는 치료 방식은 없을까요? 예를 들어, 병원이나 의사, 전문가를 통한 치료 방식 외에 당사자나 가족들이 스스로 적용할 수 있는 접근법은 없는지 궁금합니다.

김: '자가활동약'(Personal Medicine)이라는 개념이 있어요. 정신장애를 경험하는 당사자가 스스로 삶의 주체성을 갖고 자기 자신을 돌보기 위한 구체적인 자기만의 활동(약)을 발견하고 그 활동을 이어 가는 치료 방식이에요. 이를테면 그림 그리기, 글쓰기, 식물 가꾸기 등

다양한데, 그래서 사람마다 자기만의 자가활동약이 다 다르지요. 어떤 사람은 어려운 수학 문제를 풀면 힘이 생긴다고 해요. 저도 어려운 퍼즐 맞추기나 보드게임을 할 때 성취감을 느끼면서 힘을 얻거든요. 특히 조울러들에겐 이런 체험이 정말 중요하죠. 아무튼 자기에게 맞는 자가활동약을 찾기 위해 다양한 체험의 기회가 주어져야 하겠죠.

고: 그래서 자기만의 자가활동약을 찾으려면 좋은 의미에서 '미투'(Me too)가 필요한 것 같아요. 〈조우네 마음약국〉을 본 사람들이 '나도 유튜브로 내 얘기를 한번 해볼까' 하는 마음을 갖게 되는 순간이 정말 중요하다고 봐요. '나도 그림을 그려 볼까' '나도 글을 써서 책을 내 볼까' 하는 식으로 자가활동약을 찾아가도록 이끌어 주는 불쏘시개 역할이 필요한 거지요.

사실 오늘 인터뷰를 준비하면서 염려하는 마음이 있었습니다. 지난 인터뷰 이후 1년 6개월 만에 다시 만나는 자리이기에, 그 사이에 혹시 모임이 중단되었거나 사역이 별 진전 없이 정체 상태면 어쩌나 하는 생각이 들었습니다.

고: 그때보다 더 많은 일들이, 다양한 층위에서 일어나고 있습니다. 사실 그래서 제가 우리 두 아들 때문에 감사해요. "너희들 덕분에 내 여생이 더 재미가 있다!" 이렇게 말할 정도거든요. 어제(2023년 8월 17일) 101번째 아둘람 모임이 있었어요. 모임 시작하고 어느덧 거의 2

년이 된 거예요. 이제는 교재를 만들어서 체계적으로 해나가고 있어요. 현재 아둘람 모임에 오는 분들을 세 갈래로 나눌 수 있어요. 첫째, 교회 생활을 잘하지만 정신적 아픔의 문제는 오픈하지 못하는 유형, 둘째는 교회를 다니다가 정신적 아픔의 문제로 인해 교회 내에서 어려움이 생겨서 못 나가는 유형, 끝으로 셋째는 교회 다녀 본 적은 없지만 도움받는 게 좋아서 아둘람 모임에 오는 유형, 이렇게 세 가지 유형이 있어요. 아둘람 모임은 첫째와 둘째 유형의 분들을 위한 예배의 필요성으로 인해 시작된 모임인데, 셋째 유형의 분들이 복음을 받아들이는 일이 일어나고 있어요. 그래서 우리 모임의 하드웨어로서 온라인 공간이 중요하다는 사실을 확신하게 되었지요.

그 밖에 다른 기관과의 협력 사역 및 연속강의 프로그램도 준비하고 있어요. 우선, '하나복네트워크'(대표 김형국 목사)에서 주관하는 목양 아카데미가 있는데, 수백 명의 목회자들이 목회에 대해서 나누고 숙고하는 과정이거든요. 여기서 '위기 목양'에 대해 강의를 해주면 좋겠다고 해서 함께 하기로 했어요. 정신질환과 관련한 위기 목양을 어떻게 하면 좋은지 함께 고민해 보자는 취지에 맞춰 8회 정도 강의를 할 예정입니다. 이 강의를 통해 목회자들이 함께 '정품교회'를 만들어 갈 뿐 아니라, 정신적·정서적 약자를 품기 위한 '정품 콘텐츠'를 자신들의 목회에 접목하는 계기가 되면 좋겠어요. 더 나은 목양을 위해 그 자리에 오는 분들이라면 실현할 수 있을 거예요. 또한 얼마 전부터는 '라이프호프 기독교자살예방센터'(lifehope.or.kr)와도 협력하고 있는데, 목사들을 위한 정신건강 매뉴얼을 만드는 기획이에요. 사무총장인 안해용 목사가 매우 의욕적으로 나서서 주도하고 있어요. 이런 장이 열리고 네트워크가 만들어지니 정말 감사한 일이지요.

협력과 네트워크를 통해 다양한 층위로 사역의 외연을 넓혀 나가는 한편, 개개인을 돌보고 챙기는 '일대일 상담'도 결코 소홀히 할 수 없는 일이지 않습니까?

　김 : 저는 사실 결국에는 일대일 상담으로, 한 영혼 한 영혼을 살리는 방향으로 흘러가야 하지 않을까 생각합니다. 요즘엔 캐나다에 있는 분과 거의 매일 카톡을 주고받아요. 자살 위기에 처해 있는 아들의 치료를 기다리는 어머니예요. 캐나다에 산불이 나서 몇 달째 꺼지지 않는데, 그 불길이 그분 집 근처까지 온 모양이에요. 언제든 대피령이 떨어지면 집을 떠나야 하는 상황이라 밤에 잠도 잘 못 자면서 대피 안내에 신경을 곤두세우고 있는 거죠. 그 와중에 깊은 우울증을 겪는 아들을 데리고 매일 산책을 나가고 있대요. 언제 불타 버릴지 모르는 자연을 찍어 가면서요. 그렇게 찍은 영상과 사진을 날마다 제게 보내 오고 있어요. 무슨 영화나 드라마 소재 같지 않나요? 아들을 데리고 나가려고 설득하는 데만 한 시간이 걸린대요. 그러니 얼마나 힘들겠어요. 우울증에는 걷는 게 좋다고 하니까 매일 힘겹게 천근만근인 아들을 끌고 나와서 5천 보씩 걷는 거예요. 날마다 이런 사연을 접

하면, 멀리 떨어져 있지만 한 가족이라는 생각이 들어요. 아둘람 모임에 온라인으로 참여하시는 분들이 자신의 진솔한 이야기를 꺼내는 이유도 우리가 가족이라는 느낌이 들어서이지 않을까 싶어요.

인식 개선, 이해의 확장을 향하여

정신질환에 대한 사회적 인식이 개선되고 이해의 폭이 넓어지는 것 같기는 합니다. 연예인들이 우울증이나 공황장애 등 자신의 정신질환을 용기 있게 밝히는 사례도 늘어났고요. 물론 극단적인 사례이긴 하지만, 자신의 병증을 범죄의 이유로 밝히면서 면죄부처럼 악용하는 경우도 있는 것 같습니다. 이런 경우, 어디까지 참작해야 하는지 헷갈립니다.

고: 제가 늘상 하는 얘기 중 하나가 '병 뒤에 숨지 말라'는 거예요. 치료하지 않고 오래 방치하게 되면, 병증이 인격화되어서 성격으로 굳어지는 경우가 있습니다. 그렇게 되면 직장 생활이나 인간관계에서 문제가 생기는 빈도가 늘어날 수밖에 없어요. 저도 아이들 대할 때 순간과 상황에 따라서 고민했습니다. 아이의 이 행동이 병 때문으로 이해하고 넘어가 줘야 하는지, 아니면 따끔하게 야단을 쳐야 하는지 판단하기가 쉽지 않았거든요.

범죄자의 병력이 밝혀질 때는 아마 저를 비롯한 환우 가족이나 전문가들이 여러 감정을 느낄 거예요. 병에 대해 잘 알고 있어서 그만큼 하고 싶은 말도 많고요. 이 경우 대중이 분노하면서 관련 기사에 악플을 남기거나 SNS에 비난을 쏟아 내는 건 어느 정도 이해가 됩니다. 그런데 전문가로 알려진 이들이 흥분해서 섣불리 엄벌주의를 말하는 것은 좀 염려스러워요. 병에 대한 대중의 이해에 왜곡이 생길 수 있는데다, 본의와 달리 대중을 부정적으로 선동하는 역효과도 있기 때문입니다. 병증이 범죄의 면죄부가 되어서는 안 되겠지만, 병에 대한 편견이 생기지 않도록 지혜롭게 다루어 주면 좋겠다고 생각해요. 현실의 면면에서 어떤 문제가 발생했을 때 병 때문인지, 성격의 문제인지, 양심의 결여 탓인지 애매한 경우가 많아요. 저도 아이들의 어떤 모습을 보면서, 야단을 쳐야 할지 병증으로 여기고 넘겨야 할지 종종 고민하곤 했거든요. 그렇다고 병증이니까 그냥 넘어가는 것도 당사자에게는 상처가 될 수 있어요. 단순한 접근으로 해결할 수 없는 사안이라는 얘기지요.

입원 치료가 당장 필요한 상황이지만, 당사자가 입원을 거부하면 달리 방법이 없다는 게 현실입니다. 자칫 치료의 사각지대에 방치될 경우 개인이든 사회든 위기 상황이 올 수도 있을 텐데요, 사회적 시스템을 통한 대책은 없는 걸까요?

고: 그런 사람들이 집을 나가고, 치료도 받지 않고 세월이 흐르

면 다시 안정을 되찾기가 어려워지는 거죠. 사회적으로 방치되는 거예요. 그렇게 되면 병은 더 깊어집니다. 예를 들면, 층간 소음이 발생했을 때 대화를 시도하기보다는 윗집에서 자기를 죽이려고 한다는 피해망상에 시달리게 되죠. 누군가 개입을 해야 하는데, 계속 방치되어 지내다가 칼을 들게 되고, 심지어 불을 지르게 되는 상황에까지 가는 거예요.

그런데 전문가들 중에는 이들이 힘이 세 보이는 사람에게는 가해하지 않는다면서, 정신질환은 그들의 위험 행동에 대한 핑계라고 지적하는 분들도 있더라고요. 잘못 짚은 거예요. 정신과 환자들에 대한 이해가 전혀 없는 분석이라고 봐요. 망상이 있는 사람일수록 힘과 권력 앞에서는 자기 행동을 더 억누릅니다. 그게 망상을 겪는 사람의 심리예요. 엄벌로는 치료할 수가 없어요. 엄벌을 무조건 반대하는 것이 아니라, 엄벌하더라도 치료를 해주라는 거예요.

입원 절차도 현실적으로 변해야겠지만, 병원의 환경도 더 개선해야 해요. 지금도 지방에 가면, 조직폭력배들이 조금이라도 형을 적게 받으려고 정신과에 입원하는 경우가 있다고 하거든요. 그런 곳으로 입원하게 된다면 증상은 더 악화될 게 뻔하잖아요. 병원 여건을 볼 때 서울과 지방의 격차가 상당합니다. 아무튼 우리 사회가 조금 더 제대로 된 안전망을 갖춰야 정신질환에 의한 범죄도 막을 수 있지 않겠어요? 무슨 일이 생겨서 병원에 바로 입원해서 위기를 넘겼다고 해도, 병원에서 나오면 다른 대책이 없어요.

김: 시스템이 구축되기까지는 치러야 할 대가나 비용들이 너무 많아요. 그래서 무엇보다 조기 발견이 가장 중요하다고 제가 계속 강조하는 거예요. 국민건강보험공단이 발표한 자료에 따르면, 2017년에서 2021년까지 4년 사이에 ADHD(주의력결핍 과잉행동장애) 환자 수가 92퍼센트 이상 급증했다고 해요. 조기 발견이 굉장히 중요한데, 유치원이나 학교에서 교사들이 학부모에게 자녀의 ADHD 검사를 받아 보라고 권하면 고소를 당하기도 한다잖아요. 부모의 마음을 이해 못 하는 건 아니지만, 고소까지 가야 할 일인지는 모르겠어요. 신경정신질환은 조기 진단과 치료가 중요한 만큼 대중적인 이해도가 훨씬 더 높아져야 한다고 봅니다.

두 분 모두 '이해'라는 표현을 많이 사용하시는데요, 일상에서나 사회에서나 병에 대한 이해가 그만큼 중요하고 절실하다는 메시지로 와닿습니다.

고: 더 강조해도 지나치지 않을 것 같아요. 부부 사이에서도 한쪽은 정신질환이 있고 한쪽은 없을 때 갈등이 많이 생깁니다. 가장 큰 문제가 무시하거나 혹은 무시를 당한다고 느낄 때 발생해요. 그래서 어떤 전문의들은 신경정신질환 당사자끼리 결혼하는 게 가장 베스트라는 얘기를 하기도 합니다. 물론 일반화할 수는 없겠고, 두 사람 다 힘든 경우라면 일상을 살아가기가 더 어려울 수 있겠죠. 하지만 내 아픔을 경멸하는 사람과 사는 것보다는 이해해 주는 사람과 살 때가 행

복하게 살 가능성이 더 높기도 하잖아요. 아무래도 같은 질병을 겪는다면 서로를 이해하는 깊이가 넓어질 수밖에 없겠죠.

김: 원론적인 이야기일 수 있는데, 정신질환이 있더라도 어릴 때 충분한 사랑을 받고 자란 사람일수록 이해의 폭이 더 넓은 것 같아요. 충만한 사랑을 받은 경험이 있는 사람이 아픔과 결핍이 있는 사람을 이해하고 치유하고 사랑할 힘을 지니고 있는 거죠. 결국 부모의 역할이 그만큼 중요하다는 얘기지요.

약 18개월 만에 다시 뵈었는데, 꾸준히 한 걸음씩 나아가시는 모습을 확인할 수 있어 마음이 놓이고 든든해집니다. 사역의 힘겨움과 어려운 현실 때문에 그만 접으실 거라고 생각했거든요.(웃음) 앞으로 어떤 계획을 갖고 계신지 궁금합니다.

고: 최근에 '목회와 정신건강 연구 모임'이라는 걸 만들었어요. 신경정신적 약자를 품는 교회를 개척하거나 기성 교회에 그 정신을 이식하려는 목회자들이 늘어나고 있는 것 같아요. 이를 위한 매뉴얼을 만들어서 나누고, 노하우를 전수할 수 있는 체계를 함께 준비해 가고 있습니다. 이 모임에 참여하는 분들과 2주에 한 번씩 모임을 갖고 있어요. 정도의 차이는 있지만, 다들 저마다의 이유로 절박한 사람들입니다. 사람을 살리고 영혼을 구하는 일에 진심인 목회자들이죠. 그

래서 당장 구성원을 보강하기보다는 꾸준히 내실을 다지면서 준비가 되었을 즈음에 관심 있는 목회자들을 초대하려고 합니다. 목회자들이 그야말로 상처 입은 치유자로 거듭났으면 좋겠습니다. 많은 목사들이 그런 바람을 갖고 있을 겁니다. 다만 그 방법을 몰라서 못 하는 거겠지요.

김: 저는 지금까지 주로 일대일 상담과 케어에 집중해 왔어요. 과거에 우리 큰애가 "엄마는 다른 일 하지 마시고 블레싱 노트 만들어서 사람을 축복하는 기도를 하세요"라고 얘기한 적이 있어요. 지금에 와서 보면, 그 말이 하나님의 어떤 사인 아니었나 하는 생각이 들어요. 그때부터 실제로 블레싱 노트를 만들어서 한 사람 한 사람 마음에 품고 하나님의 복을 구하면서 기도해 오고 있으니까요. 지금도 국내뿐 아니라 해외에까지 연결되고 있는 아픔을 겪는 많은 분들, 일대일 상담하면서 가까워진 분들을 위해 생일 축하도 해드리고 축복 기도도 계속하고 있습니다.

이 일이 저는 예전부터 참 좋았어요. 기도하는 가운데 그 사람의 필요가 느껴지기도 하고요. 그래서 앞으로 저는 어려운 사람들을 위해 축복 기도하는 일종의 블레싱 사역을 계속 해나가는 게 중요한 일 아닌가 합니다. 거기에다 책읽기를 통한 치유와 회복을 돕는 역할을 꾸준히 하려고 해요. 어린이 동화책이나 그림책 중에도 치유와 회복에 도움이 되는 좋은 책들이 정말 많이 있는데, 그런 책들을 읽고 소개하고 모으는 일도 계속 해야겠지요. 일종의 독서 치료사(book therapist) 역할이라고 할까요? 이런 일을 앞으로도 변함없이 계속 하고 있지 않을까 싶어요.

이미지 제공: 세바시

교회로 향하는,
결국 우리 모두의 이야기

교회로 향하는 길이었습니다. 인터뷰집 출간 기획에 관한 연락을 받았습니다. 우울증, 조울증, 조현병… 고백하자면, 저와는 별로 상관없는 주제였습니다. 이 책의 인터뷰어로 제안받았을 때, 당연히 저는 적임자가 아니었습니다.

단칼에 거절해야 했는데, 적어도 출판사에서 보내 준 자료는 읽어 보고 고사하는 것이 예의라는 생각이 들었습니다. 성장기에 발병한 조울증으로 오랫동안 투병해 온 정신적·정서적 약자인 두 아들을 30년 가까이 품어 온 아버지와 어머니의 이야기였습니다. 이런 주제는 나 말고도 더 좋은 인터뷰어가 있을 거라는 확신이 들었습니다.

거절하기로 마음먹고 연락하려던 순간, 문득 아는 얼굴들이 떠올랐습니다. 아, 그이도 이렇게 힘겨웠겠구나, 그때 그 말이 도와 달라는 신호였구나…. 우울증으로 힘겨워하는, 스스로 어찌할 수 없는 성격 때문에 사회에 적응하기 어려워하던 지인들이 생각났습니다.

"저는 조울증이 있어요."

20여 년 전, 대학교 신입생 환영회에서 만난 동기가 어렵게 꺼낸 말에 박장대소하던 제 모습이 스쳐 가기도 했습니다. 그 힘겨운 고백을 저는 가볍게 웃음의 소재로 받아들였던 거지요.

정신적·정서적 어려움을 겪는 이들과 마주했을 때, 저는 그저 의지의 문제, 기질 또는 성격의 문제, 그리고 영성의 문제로 여기며 "기도하겠습니다"라는 진정성 없는 빈말을 건넬 뿐이었습니다. 그랬기에 그들의 아픔에 대해 더 알고 싶었습니다. 내 이야기일 수도 있겠다 싶었습니다. 결국 인터뷰어로서 나서게 되었습니다. 관련 분야에 전혀 지식이 없는 인터뷰어가 하나씩 차근차근 묻고 알아 가는 흐름도 인터뷰로는 나쁘지 않겠다고, 저의 무지를 정당화하면서 말이지요.

공식적인 인터뷰는 일곱 차례 진행되었고, 두 차례의 비공식 대화가 있었습니다. 인터뷰가 거듭될수록, 주변 사람들의 목소리가 더 잘 들려왔습니다. 제게는 큰 변화였습니다. 도움이 필요할 것 같지 않았던 이들이, 숨소리같이 미세하게 도와 달라 말하는 소리가 감지되었습니다. 그리고 꽤 많은 사람이 자기 자신 또는 가족의 정서적·정신적 연약함 때문에 무척 힘들어한다는 사실도 알게 되었지요. 그렇듯, 인터뷰를 하는 시간은 도움이 절실한 이들의 목소리를 듣게 되는 시공간이었으며, 새로운 감각이 열리는 계기였습니다.

'약자를 품는 교회는 가능한가?' 그리고 결국 이것은 교회 이야기라는 확신이 들었습니다. 교회로 향하는 이야기는 언제나 저를 움직입니다. 그리스도를 머리 삼는 신앙 공동체인 교회에서 정신적·정서적 약자를 품어야 한다는 말은 너무나 당연한 상식인데도, 참으로 이상적으로 들립니다.

인터뷰를 통해 듣는 현실은 정말 심각했습니다. 고상한 교회 이미지와 연결이 되지 않았습니다. 그래서 더 이상과 현실 사이, '이미'와 '아직' 사이에서 발버둥쳐야 하는 그리스도인의 숙명을 드러내고 싶었습니다. 교회는 본디 정신적·정서적 약자를 품어야 하는 모임입니다. 한국교회는 아직 갈 길이 멀지만, 이 책에서 그 역동적인 태동을 발견하셨기를 바랍니다.

인터뷰를 이어 가는 동안 웃음이 끊이지 않았다는 사실을 꼭 기록해 두고 싶습니다. 결코 주제를 가벼이 여겨서가 아닙니다. 한때는 당사자로, 수십 년을 정신적·정서적 약자의 보호자로 살아온 이들이 그 육중한 아픔의 무게를 뚫고 터뜨리는 웃음이었습니다. 말 그대로 '상처 입은 치유자'의 회복력에서 나오는 웃음이었습니다.

마치 '그대들도 웃으며 살 수 있습니다, 연애할 수 있습니다, 행복한 가정을 꾸릴 수 있습니다, 취업할 수 있습니다, 일상을 다시 시작할 수 있습니다'라며 손잡아 주는, 나아가 '싸이코 패밀리라도 괜찮습니다'라는 메시지를 전하는 위로의 웃음이었습니다. 그 환한 웃음소리와 따사롭던 분위기를 책에 담지 못해 무척 아쉽습니다. 이들이 출연하는 유튜브 〈조우네 마음약국〉을 통해 독자들은 그 아쉬움을 달랠 수 있으리라 확신합니다.

사실 인터뷰어로 이름을 올리기가 민망할 정도로 이 책은 99퍼센트 이상 고직한 선교사님과 김정희 선생님, 두 분이 이끌어 준 결과입니다. 말이 글로 옮겨지면서 두 분의 따뜻한 마음과 속 깊은 영성이 반감된 것 같아 아쉽고 송구스럽습니다. 책을 함께 엮어 갈 수 있어서 영광이었습니다. 마지막으로, 이 인터뷰를 기획하고 제안해 주었을 뿐 아니라 제 성긴 글을 다듬느라 애써 주신 옥명호 잉클링즈 대표님께 감사드립니다.

이 인터뷰는 본업과 별개로 개인 휴가를 내어 진행했습니다. 그만큼의 시간을 내어 준 사랑하는 가족, 화영·상원·수원에게 미안하고 고마운 마음을 전합니다.

이범진

'조울러'를 아시나요?*

조울증 긴 터널 지나 정신질환 인식 개선 나선 고직한 – 하영·하림 부자

〈조우네 마음약국〉은 조울증과 우울증 등 정신 질환을 주로 다루는 유튜브 채널이다. 유튜브 채널 중에서는 조울증 당사자들이 운영하는 거의 유일한 곳이다. 이곳에서는 조울증 환우를, 병명의 '조울'과 사람을 뜻하는 영어 표현 'er'을 붙여 '조울러'라 부른다.

〈조우네 마음약국〉에서는 조울러 고하영·고하림 형제와 아내들이 나와 일상 이야기를 들려 준다. 형제가 둘 다 조울증을 앓고 있다는 점도 이목을 끄는데, 두 아내가 자매 사이라는 데서 채널 구독자들은 또 한 번 놀란다. 이곳에서는 딱히 비밀이 없다. 조울증과 함께여도 평범하고 행복한 가정을 꾸려 일상을 영위할 수 있다는 사실이 듣는 사람들에게 희망을 준다.

* 인터넷 신문 〈뉴스앤조이〉에 게재(2020. 7. 13)한 내용을 허락을 받고 발췌 편집해 실었다.

〈조우네 마음약국〉에는 방송 초창기부터 간간이 등장해 온 또 다른 부부가 있다. 고씨 형제의 부모 고직한 선교사 부부다. 번갈아 입원하며 애를 태우던 두 아들은 약 2년 전부터 기적처럼 나아지기 시작했다. 큰아들 하영 씨가 유튜브를 시작한 시점도 이때다. 약을 완전히 끊은 건 아니다. 여전히 최소한의 약을 복용하고 있고 언제 재발할지 몰라 불안한 마음이 있지만, 두 아들은 분명히 이전과는 다른 삶을 살고 있다.

일생 한국 교회를 돕고자 했던 고직한 선교사는 조울러 두 아들의 아버지로서, 한국 교회가 정신질환자를 어떻게 대해야 하는지 공론화하고 싶다고 했다. 조울러 두 아들 또한 자신들의 경험이 한국 사회와 교회에 도움이 되기를 바랐다.

'조우네 마음약국'이라는 이름으로 유튜브 채널을 운영 중이다. 주로 어떤 이야기를 나누는지 궁금하다.

고하영: 처음에는 우리 가족 경험을 주로 담은 방송만 만들어 올렸다. 우리 가족이 어떻게 조울증의 긴 터널에서 벗어날 수 있었는지, 병력이나 그동안의 투병기 등을 소개했다. 형제가 이렇게 오래 투병하고 있으니 우리와 비슷한 상황에 놓인 사람들에게 사소한 것까지 도움이 될 수 있을까 싶어 우리 이야기를 시작하게 됐다. 그런데 영상에 댓글로 궁금한 점을 남겨 주시는 분이 많았다. 막상 조울증을 진단받으면 당사자가 됐든 가족이 됐든 막막하다. 조울러 혹은 가족은 궁금한 게 많아도 의사에게 모든 것을 물어볼 수 없다. 당장 이 병을 평

생 안고 가야 하는지, 완치는 되는지, 사회 생활은 가능한지, 지금 사귀고 있는 사람이 막 진단을 받았는데 계속 사귀어도 될지, 미혼이면 결혼은 할 수 있을지, 아이는 낳아도 되는 건지, 언제 병원에 입원해야 하는지, 증상에서 특이점은 뭔지 등등 질문이 셀 수 없이 많다. 사람마다 증상도 조금씩 다르고, 정도도 달라 조울러인지 눈치채지 못하고 넘어가는 경우도 많다.

사람들이 유튜브 댓글로 궁금한 점을 묻는 일이 많아지다 보니, 아예 카카오톡 채팅방을 개설해 그곳에서 소통하는 게 낫겠다 싶었다. 아내가 주로 상담하는데, 이제는 고정적으로 300명 넘는 이들과 소통한다.(2023년 11월말 현재 누적 인원 2,246명—편집자) 아내는 이 일의 전문성을 살리기 위해 대학 때 전공한 사회복지 공부도 다시 하고 새롭게 자격증도 땄다.

고하림: 형이 방송을 시작하고 사람들과 소통하는 게 좋아 보였다. 나는 조울증을 앓은 지 18년 차이고 아직 형처럼 안정적이지는 않다. 그럼에도 내가 경험했던 것들, 느꼈던 점들을 공유하면 좋을 것 같았다. 나는 처음에 종교망상으로 증상이 시작됐는데, 이 부분을 설명하면 교회, 특히 목사님들에게도 도움이 될 것 같았다. 흔히들 교회에서 정신이 좀 이상하다고 하면 바로 귀신 들렸다고 하면서 축사를 시도한다. "주 나사렛 예수 그리스도의 이름으로 명하노니 악한 영은 떠나갈지어다!"라고 기도하기 전에, 상대가 정신질환을 앓고 있을 가

능성은 없는지 확인하는 작업이 꼭 필요하다고 말하고 싶었다.

고직한: 〈조우네 마음약국〉에서 우리가 지나가는 말로 크리스천 가정이라고 하니까 정말 많은 분이 상담을 요청한다. 상담자의 70~80퍼센트가 기독교인이다. 우리에게 하소연하는 분들은 교회에서는 병 이야기를 못 하는 경우가 많았다. 얘기했다가 상처받은 분도 많고. 아주 사소한 부분부터 전문가 도움이 필요한 지점까지 범위는 다양한데, 우리가 도움을 줄 수 있는 것은 당사자로서의 경험이다.

선교사님은 사역자로서 자녀가 모두 조울증을 앓는다고 공개했을 때 받는 시선이 곱지 않았을 것 같다. 한국 교회는 유독 병을 죄와 연결 짓는 문화가 있기도 한데.

고직한: 하영이는 내가 사랑의교회에서 사역하던 1995년경 조울증 증세가 시작됐고, 하림이는 사랑의교회에서 신생 교회 개척 작업을 하던 2003년경 발병했다. 하림이는 조증이 심해지면 교회 게시판에 이상한 글도 쓰고 그랬다. 이런 일이 반복되니까 교인들이 이상하게 볼 것도 같고 해서 차라리 공개적으로 밝히는 게 좋겠다고 생각했다. 교인 한 명 한 명 붙잡고 설명하기는 힘들겠다 싶던 차에 마침 교회에서 설교 순번이 돌아왔다. 숨긴다고 될 일도 아니고 설교 시간을 이용해 '상처 입은 치유자'를 주제로 설교했다.

하영: 아버지의 그 설교가 아직도 또렷이 기억에 남아 있다.

고직한: 그때 편안하게 '우리 가족은 싸이코 패밀리다' 이런 이야기를 했다. 설교 시간에 좋은 방식으로 풀어 내니까 아는 분들은 기도도 많이 해주셨다. 처음에는 조울증에 대한 잘못된 이해로 축사 기도를 하는 등 약간의 문제는 있었지만, 그런 건 지식이 부족해서 그런 것이니 이해하고 넘어갔다.

하영: 다행히 아버지 사역 환경이 이런 우리를 이해하고 받아 주는 분위기였다. 조울증은 조증과 울증의 편차가 심하다는 게 사람을 더 힘들게 한다. 조증이 왔을 때는 분위기 메이커가 돼 사람들에게 사랑도 많이 받고 리더십이 있는 것처럼 보인다. 그러다 갑자기 울증이 몰려오면 저 아래 나락으로 떨어진다. 내가 괜찮고 멋진 사람인 줄 알았는데 그게 내 진짜 모습이 아니라는 걸 알게 돼 큰 충격을 받는다. 그럴 때 많은 환우가 스스로 목숨을 끊는 상상을 반복해서 한다. 하지만 우리 형제는 다행히 그런 일은 없었다. 이 부분은 우리를 위해 기도해 주신 수많은 분의 중보 덕분이라고 생각한다.

두 분은 본인이 조울증이라는 사실을 어떻게 알게 됐나.

하영: 나는 중학교 2학년 때 발병했는데, 그때 할머니가 먼저 눈

치채고 병원에 가 보라고 하셨다. 할머니 가족 중 정신질환을 앓은 분이 있어 내 병을 남들보다 빨리 알아차린 것이다. 사람들은 정신질환이 한순간에 급작스럽게 찾아온다고 오해한다. 그렇지 않다. 처음에는 수면 장애, 식욕 장애 등으로 시작한다. 서서히 안 좋아지다가 어느 날 확 폭발하는 것처럼 보이면 정신질환일 확률이 높다. 폭발하기 전에 알아차리는 게 가장 좋다.

하림: 내가 이상하다는 것을 처음 알아차린 건 형이다. 그때 나는 종교망상으로 조증이 찾아왔는데, 형이 뭔가 이상하다는 것을 알고 병원에 가 보라고 했다. 그때 내 모습이 형에게 불필요한 자극을 줬는지 형이 먼저 병원에 입원하게 됐다. 그 부분은 지금 생각해도 미안하다.

하영: 조증이 시작되면 뇌가 더욱 제 기능을 못 한다. 예를 들면, 정보를 자기 마음대로 뒤섞기도 하고 말도 안 되는 망상에 빠지기도 한다. 불교 신자들에게 조울증이 나타나면 자기가 몇천 년 된 미륵이라고 생각하기도 하고, 나 같은 경우 삼국지를 열심히 읽을 때 발병했는데 내가 유비가 아닐까 상상했다. 하림이는 자신을 예수님 혹은 성령이라 여겼다.(웃음) 우울증과 조현병이 양극단에 있다면 그사이의 수많은 스펙트럼 중 하나가 조울증이다. 조현병에 가까운 조증이 오면 귀신 들린 것처럼 보이는 오해를 사기도 한다.

고직한: 이 병을 알아차리기 쉽지 않기 때문에 우리 사회에 기본적인 정신 건강 교육이 필요하다. 교육하면 분명히 달라진다. 한 사람이 살면서 불면증·우울증·공황장애·조울증 등 정신 질환에 걸릴 확률이 25퍼센트다. 4명 중 1명은 일생에서 정신질환을 앓을 수도 있다는 이야기인데, 우리는 이런 사실을 너무 모른다. 이제 우울증·공황장애 같은 건 많이들 알고 있는데 조울증은 여전히 잘 모르는 영역이다.

교회도 정신질환을 겪는 신도들을 어떻게 대해야 할지 잘 모르는 것 같다.

하영: 성경에 '갇힌 자' '포로 된 자'라는 단어가 나온다. 악한 영이 아예 없다고 말하고 싶지는 않다. 때로는 우리가 이해할 수 없는 영역도 있으니까. 그런 경우에는 자기 의지보다 귀신의 의지라고 볼 수 있다. 그런데 조울러들은 귀신 들린 게 아니라 뇌 기능 이상으로 도파민이 멈추지 않고 분비되는 것이다. 그러면 도파민에 취한 모습을 보인다. 이게 귀신 들린 모습과 비슷할 수 있는데, 상담하는 사람이 잘 판단해야 한다.

하림: 교회, 특히 사역자는 균형을 맞출 수 있어야 한다. 어떤 사람이 이런 문제로 중보 기도를 요청해 왔을 때, 이 사람에게 축사를 해야 하는지, 빨리 정신과에 가서 약을 처방받으라고 해야 하는지 알아야 한다. 관련 교육을 받고 실력을 쌓으면 좋겠는데, 많은 경우 그

렇지 않다. 약을 잘 먹고 관리 잘하는 조울러에게 약을 끊으라고 하는 목사도 있다. 나도 그런 말을 듣고 과거 1년간 약을 끊은 적도 있다. 그때 나는 누가 봐도 침착하고 이상 없는 것처럼 보였다. 진짜 치유 됐다고 느꼈는데 1년 뒤 쓰나미처럼 몰려오더라. 그래서 지금도 누가 신앙의 힘으로 3개월째 약을 끊고 잘 지내고 있다고 말하면 다시 약을 먹어야 한다고 얘기해 준다. 약 끊은 뒤 10년간 잘 살아도 재발할 수 있는 게 조울증이다.

하영: 조울증을 앓아 보니 이 병은 영·혼·육을 동시에 치료해야 한다. 약물로 육체를 치료하고, 상담 등을 통해 정신적으로 도움받고, 성령님이 임재하시는 예배에 자주 노출되는 것을 통해 영적인 것을 채울 수 있다. 그런데 목사들은 너무 영적으로만 가려고 하고, 심리 상담하는 사람은 너무 심리 치료로만, 정신과 전문의들은 너무 약으로만 모든 것을 해결하려고 한다. 나는 세 가지가 통합된 치유가 중요하다고 생각한다.

조울러에게 약을 끊어도 된다고 이야기할 수 있는 사람은 그 약을 처방해 준 의사뿐이다. 의사 외에는 약 복용을 중단해도 된다고 지시할 수 없고, 그런 지시를 따라서도 안 된다. 외상은 눈으로 확인 가능하니까 치유된 것을 알 수 있지만 정신질환은 그렇지 않다. 그래서 유독 이 병을 신앙이나 기도의 힘으로 극복할 수 있다고 생각하는 것 같다. 어떤 치유 사역자는 "이제 약을 끊고 기도로 이겨 내자"고 하는

데, 정말 위험한 발언이다. 〈조우네 마음약국〉에 오는 수많은 사연 중 기독교인 가족의 하소연이 정말 많다. 교회에서 자녀를 치유한답시고 상해를 입히는 경우도 있고, 전문가도 아닌데 나섰다가 돌이킬 수 없이 병세가 심해진 경우도 있다. 부모는 교회에서 하니까 믿고 맡긴 건데 누구를 탓할 수도 없는 상황이 된 거다.

　미국에서 치유 집회에 갈 일이 있었는데, 거기서는 아무도 "신앙의 힘으로 약을 끊자"라고 말하거나, "귀신아 떠나가라!"고 기도하지 않았다. 조울증이라고 밝혔더니 "이 사람의 리듬이 정상으로 돌아오게 해달라" "약이 잘 작용해서 치유가 일어나게 해달라" 하고 기도하더라. 치유 사역자들도 기본적으로 조울증이 어떤 병인지, 어떤 치료를 받아야 하는지 정도는 알고 있는 거다.

　하림: 정신질환을 앓고 있는 이가 약을 먹는 건 믿음이 부족해서도, 사역자를 믿지 못해서도 아니다. 정신질환에 걸린 것도 마찬가지다. 교회에서 다른 병은 안 그러는데 유독 정신질환에 대한 오해와 편견이 가득한 게 안타깝다.

　고직한: 정신질환과 관련해 잘못된 정보가 너무 많다. 한국 교회에서 이야기되는 '영성'은 건강한 상식을 무시한 선에서 진행될 때가 많아 그 부분이 안타깝다.

하영: 조울러에게 약은 하나님이 주신 선물과도 같다. 의학계에서 우연한 기회에 리튬이 조울증 치료제로 쓰일 수 있다는 사실을 발견하게 됐다. 의사들도 리튬 발견은 기적이라고 한다. 약은 하나님의 선물인데, 목회자 혹은 치유 사역자들이 신앙을 이유로 이 선물을 빼앗지 않았으면 좋겠다.

정신병원에 입원해야 한 자녀들도, 이를 바라봐야 하는 부모도 이루 말할 수 없이 고통스러웠을 것 같다. 그럼에도 긴 터널을 빠져나올 수 있었던 원동력이 있었다면?

고직한: 두 가지로 얘기할 수 있다. 하나는 '패밀리 파워', 가족의 힘이다. 어려움을 당해도 사회적 안전망이 있으면 괜찮다. 우리는 '가족 안전망'으로 함께 돌파하자고 했다. 겹사돈이 좋을 때가 이럴 때다.(웃음) 우리 부부, 두 아들네 부부, 사돈 부부가 그리 멀지 않은 곳에 모여 산다. 서로 힘들 때 곁에 있어 주고, 혹시라도 재발하면 즉각 도울 수 있도록 언제나 지켜보고 있다. 또 한 가지는 역시 복음이다. 바닷가를 걷다가 큰 해일이 밀려와도 땅속 깊이 뿌리내린 바위 하나만 꼭 붙잡으면 살아남을 수 있다. 아이들의 상황이 쓰나미처럼 밀려오는 중에도 우리 가족은 복음 하나 붙잡고 버텼다. 그래서 '상처 입은 치유자'라는 개념도 익힐 수 있었다.

정신질환을 앓고 있는 사람은 대부분 그 사실을 감추려 하는데, 이를 드러내고 대중과 소통할 수 있었던 이유가 있다면?

하영: 하루는 아이들이 아파서 함께 약국에 갔다. 약사 자녀로 보이는 사람이 약국에 들어왔는데, 딱 보니까 조울증이라는 느낌이 왔다. 그래서 그 약사에게 조용히 '혹시 자녀분이 조울증이냐'고 물으니까 깜짝 놀라시더라. 나도 조울증 환자라고 했더니 금세 눈물이 그렁그렁 맺혔다. 그 자녀분은 이제 막 발병했는데 의사가 평생 약 먹고 같이 가야 하는 병이라고 해서 둘 다 낙담해 있었다. 그런데 날 보니까 아이들도 있고 결혼도 한 것 같고 환자처럼 보이지 않으니, 희망이 생긴 것이다. 나의 평범함이 누군가에게 희망을 줄 수 있겠다 생각했다.

또 하나는 여전히 어두운 터널 안에 있는 사람들에게 횃불을 들고 들어가 동행자가 되어 주고 싶었다. 내가 그 터널을 지날 때, '나와 동행해 주는 사람이 있으면 얼마나 좋을까'라는 생각을 늘 했다. 아픈 과거와 마주해야 한다는 점에서 괴롭지만, 어쩌면 이게 하나님이 주신 새로운 사명일 수 있겠다고 생각했다. 하나님께서 모세에게 가진 게 무엇이냐고 물으실 때 모세는 지팡이밖에 없다고 했다. 나중에 그게 하나님의 지팡이로 바뀐다. 하나님이 나에게 "하영아, 네가 가진 게 무엇이냐" 물으시면, "조울증이요"라고 답할 수밖에 없다. 인생 3분의 2를 조울증과 함께 살았는데 그걸 그냥 버려두고 다른 일을 한다면, 내가 아팠던 게 아까울 것도 같았다.

마침 아버지가 전에 말씀하신 '상처 입은 치유자'가 떠올랐다. 그 개념이 없었다면 〈조우네 마음약국〉도 시작하지 못했을 거다. 내가 누군가에게 도움을 줄 수 있다는 게 나의 회복도 돕는다. 나의 아픔을 내보였을 때, 날 처음 만난 사람도 자신의 아픔을 드러낸다. 그동안 우리는 이 병을 수치스럽게 생각하고 누가 알까 두려워했지만, 오히려 당당하게 이야기하니 듣는 이들이 마음을 여는 것을 봤다. 단순히 우리를 동정해서가 아니라, 다른 인생을 살았다는 것을 인정하고 서로 다르다는 사실에 대해 생각할 수 있게 해준다는 점에서 보람을 느낀다.

하림: 우리 가족은 조울증이라는 거대한 장애물을 극복한 사람들이다. 우리는 이미 높고 낮은 수많은 장애물을 넘어 봤으니까, 이제 막 넘기 시작한 사람들에게 도움을 줄 수 있지 않을까 싶었다. 의료 전문가는 아니지만, 당사자로서 함께 장애물을 넘고 더 잘 넘는 법을 알려 주는 역할을 하고 싶다.

고직한: 정신질환에 관한 교육이 많아지면 많아질수록 사회적으로 플러스다. 가족이 알아차리지 못해도, 주변에 이와 관련한 상식이 있는 사람이 있으면 전문가와 연결해 줄 수 있을 것 아닌가. 교회에도 정신질환을 잘 아는 사람들이 팀을 이뤄 목회를 돕는 역할을 하면 좋

겠다. 혹시 귀신 들린 게 아닌가 걱정하며 기도받기 위해 목사님을 찾아 온 사람이 있다면, 정신질환인지 아닌지 일차적으로 판단해 주는 것이다. 사단법인 좋은의자와 함께 이런 교육 프로그램을 만들고 진행하려고 준비하고 있다.

〈조우네 마음약국〉 독서밴드에서 읽은 책들

정신 건강에 대한 바른 이해와 지식, 정보는 정신질환 치료와 극복에 중요한 밑거름이 된다. 이를 위해 정신 건강 분야의 도서를 꾸준히 읽는 일은 큰 유익이 있으며, 특히 커뮤니티 차원에서 함께 하는 독서는 더 큰 유익을 준다.

〈조우네 마음약국〉 구독자들 가운데 일대일 상담을 넘어 꾸준하고 지속적인 도움을 필요로 하는 경우가 많이 있다. 함께 책을 읽고 공부하는 '독서밴드'를 만든 배경이 여기 있다. 일대일 상담과 독서밴드는 〈조우네 마음약국〉 채널을 시작한 '조우'(큰아들) 부부가 구상하고 시작한 일인데, 본업도 있고 세 아이를 키우는 육아 부담도 커서 김정희 선생이 맡게 되어 지금에 이르고 있다.

독서밴드는 초기에는 함께 책을 읽고 독후감을 올리거나 인상 깊게 읽은 구절을 사진으로 찍어서 올리는 방식으로 운영했다. 그러다가 책을 읽을 여유나 경황이 없는 회원들의 상황을 고려하여 책 내용을 요약하여 공유하기 시작했고, 자원하여 책 요약 정리에 참여해 준 회원의 수고에 힘입어 나누는 내용이 더욱 풍성해졌다. 이제 독서밴드는 책읽기뿐 아니라 회원 개인의 경험과 정보를 나누기도 하는 온라인 커뮤니티로 성장해 가고 있다.

대화 정신의학 (원제: Dialogical Psychiatry)

러셀 라자크 지음 | 김성수·전대호 옮김 | 한국임상정신분석연구소ICP | 2023년

급성기에 놓인 당사자와 가족이 의료진과 함께 하는 열린 대화를 교육하고 실천하기 위한 핸드북. 입원과 투약, 치료 방법의 주체가 되는 당사자와 가족, 의료진 등 중요한 관계인들이 함께 안전한 공간을 마련한다.

\# 급성기 당사자와의 열린 대화

정품교회

고직한 지음 | 뉴스앤조이 | 2021년

우리 주변의 '정서적·정신적 약자를 품는' 정품교회가 되려면 어떻게 해야 할까? 이들을 사랑으로 품고 함께 하기 위한 성경적 관점과 교회 공동체의 역할은 무엇인지 저자 자신의 체험을 바탕으로 알려 준다.

\# 정신질환과 교회

뇌를 읽다, 마음을 읽다

권준수 지음 | 21세기북스 | 2021년

4명 중 1명이 겪는다는 정신질환에 대해 우리는 얼마나 알고 있을까? 뇌과학과 정신의학의 여정을 따라가다 보면 놀라운 길을 발견한다. 우리 머릿속 작은 우주인 '뇌'를 이해해야 마음의 문제도 해결할 수 있다.

\# 뇌과학과 정신의학

마음이 흐르는 대로

지나영 지음 | 다산북스 | 2020년

저자는 자신의 진심을 따라 살다 보면 삶의 막다른 골목이나 굴곡을 만나도 마음은 그 답을 알고 있다고 말한다. 존스홉킨스 소아정신과 교수로 자율신경계 장애로 인한 난치병에 걸린 저자의 삶을 보면서 의미 있게 사는 법을 배운다.

\# 고통의 문제와 의미 있는 삶

아주 정상적인 아픈 사람들

폴 김 · 김인종 지음 | 마름모 | 2022년

조현병 환자인 여동생을 먼저 떠나 보낸 저자가 25년 넘게 정신질환자 가족들을 돌보며 겪은 이야기. 정신질환뿐 아니라 마음의 고통으로 씨름하는 이들을 무지의 어두움에서 벗어나게 하여 밝은 치유의 빛 가운데로 이끌어 준다.

 # 고통과 치유 사례

사랑하는 사람이 정신질환을 앓고 있을 때

(원제: When Someone You Love Has a Mental Illness)

리베카 울리스 지음 | 강병철 옮김 | 서울의학서적 | 2020년

정신질환 당사자가 최고의 삶을 누리려면 우선 보호자가 최고의 삶을 누려야 한다. 치료 과정에서 만난 정신질환자에 대한 저자의 관점이 감동적이고 인상 깊은 책. 가족치료 전문가인 저자는 자신이 만난 대다수 정신질환자는 가장 온화하고 사랑스러운 사람들이라고 말한다.

#정신질환 당사자와 가족을 위한 안내서

조울병, 나는 이렇게 극복했다 (원제: An Unquiet Mind)

케이 레드필드 재미슨 지음 | 박민철 옮김 | 하나의학사 | 2005년

조울병 당사자이면서 대학병원 정신과의 기분장애 클리닉 소장인 저자는, 조울병은 극복될 수 있다고 용기 있게 말한다. 자신이 환자임을 받아들이기 힘들어 약을 거부하면서 황홀한 조증을 포기하지 못했다고 말하는 저자의 자전적 이야기이자 투병기를 담은 책.

 # 조울증과 예술성

조울증은 회복될 수 있다

정안식 지음 | 다문 | 2012년

저자는 우울증과 조울증을 제대로 알고 병에 대한 무지에서 벗어나야 한다고 강조한다. 자신 역시 조울병과 쓸쓸히 싸우며 아픔을 겪었던 저자는, 고통받는 많은 환우들과 가족들에게 희망을 나누기 위해 이 책을 썼다.

조울증 치유 수기

뉴욕 정신과 의사의 사람 도서관

나종호 지음 | 아몬드 | 2022년

한없이 마음이 따뜻한 저자는 '내 이야기를 들어 줄 한 사람만 있어도 세상 살 힘을 얻는다'고 강조하면서, 마음이 아픈 사람들도 우리와 다르지 않다는 사실을 알려 준다. 예일대 정신의학과 교수인 저자는 '사람 도서관' 사서를 자처하면서 환자들과 다른 사람들 사이에 다리를 놓아 주려는 마음에서 이 책을 썼다.

정신질환에 대한 통찰

바울의 가시

이관형 지음 | 옥탑방프로덕션 | 2020년

어릴 적 가정폭력과 학창 시절 따돌림 등으로 인한 조현병 발병과 투병 생활, 극복 과정을 풀어 낸 치유 에세이. 조현병 당사자들에게 희망과 감동을 주는 스물네 편의 에피소드와 조현병을 통해 일하시는 하나님의 축복, 소중한 이들과의 나눔 등 자전적 이야기가 담겨 있다.

조현병 치유 수기

죽고 싶지만 떡볶이는 먹고 싶어

백세희 지음 | 흔 | 2018년

가벼운 우울 증상이 지속되는 상태인 기분부전장애과 불안장애를 앓는 저자가 정신과 전문의와 열두 차례에 걸쳐 나눈 대화를 생생하게 풀어 쓴 책. 우울증과 불안장애에 대한 약물치료와 상담치료를 기록해 가면서 근원적인 원인과 구체적인 해결책을 찾으려 노력하는 저자의 진솔한 마음 이야기를 담았다.

당신이 옳다

정혜신 지음 | 해냄 | 2018년

정신과 의사인 저자는 30여 년간 우리 사회의 재난과 트라우마 현장에서 피해자들과 함께해 왔다. 오늘 우리 모두에게 '스스로 치유할 수 있는 치유법'이 시급하다고 진단한 저자는, 자격이 있는 자가 치유자가 아니라 '공감과 경계'로 사람을 살리는 자가 치유자라고 강조하면서 '나를 구하고 너를 살릴 수 있는' 실제적인 방법을 제시한다.

공감과 경계를 통한 치유

마음을 걷다

박종언 지음 | 파이돈 | 2023년

정신장애인의 인권 옹호를 위한 대안 언론 〈마인드포스트〉 편집국장인 저자가 정신장애와 관련하여 만난 100여 명 가운데 21명과의 인터뷰를 가려 뽑아 묶었다. 정신장애 당사자와 가족, 전문의, 교수와 목회자, 시설 담당자와의 대담은 날카로우면서도 감동을 준다.

정신장애 관계인 21명 인터뷰

삐삐언니는 조울의 사막을 건넜어

이주현 지음 | 한겨레출판 | 2020년

고립과 죽음의 조울은 더 이상 비밀이 아니다. 언론사 기자인 저자는 사랑하는 가족과 친구의 힘으로 조울의 사막을 건너 씩씩하고 용감한 '말괄량이 삐삐'의 에너지로 다시 태어났다. 사막의 낮과 밤 같았던 조증과 울증의 파도를 넘긴 저자의 수기가 안도감과 치유를 경험하게 한다.

조울증 치유 수기

사랑하지 않으면 아프다 (원제: Lieblosigkeit macht krank)

게랄트 휘터 지음 | 이지윤 옮김 | 매일경제신문사 | 2021년

자기 존재의 소중함을 모르고 자신을 사랑하지 않고 막 다루면, 정신적으로나 육체적으로나 누구나 병든다. 인간의 자가 치유력을 믿는, 독일의 가장 유명한 뇌과학자인 저자는, '사랑 없음'으로 인해 병든 우리 자신과 사회를 향하여 사랑이 지닌 가치를 뇌과학으로 풀어 낸다.

 # 사랑의 가치와 정신질환 치유

희망의 심장박동 (원제: Heartbeats of Hope)

대니얼 피셔 지음 | 제철웅 옮김 | 한울아카데미 | 2020년

조현병으로 입원과 감금, 약물치료를 경험한 정신질환자 출신의 정신과 의사가 전하는 회복과 희망의 메시지. 20대까지 정신병원에 세 차례 입원한 경험이 있는 저자는 이혼 후 조현병이 발병하여 정신병원에 감금되어 약물치료를 받아야 했다. 그 과정에서 만난 동료지원가의 공감어린 대화 덕분에 회복의 실마리를 찾았고, 이후 의대에 진학하여 정신의학을 공부한 전문의가 되어 '정서적 심폐소생술' 개념을 창안한다. 정신질환 치료에서 당사자 주도권과 정서적 의사소통을 강조하면서 정신질환 치료의 관점 전환을 요구하는 책.

 # 공감적 대화를 통한 정신질환 치유

죽고 싶은 사람은 없다

임세원 지음 | 알에이치코리아(RHK) | 2021년

'죽고 싶다'는 사람을 매일 만나는 게 일이던 정신건강의학과 전문의인 저자는 어느 날 자신도 갑작스러운 불운을 경험하면서 '이렇게 사느니 차라리 죽는 게 낫다'는 생각에 빠져든다. '그럼 나도 죽을 것인가'를 질문한 저자 자신의 경험과 지식이 죽고 싶다는 말을 달고 사는 이들에게 희망의 근거를 찾게 한다.

 # 삶의 희망의 근거

내 아들은 조현병입니다 (원제: No One Cares About Crazy People)

론 파워스 지음 | 정지인 옮김 | 심심 | 2019년

퓰리처상을 수상한 저널리스트이자 베스트셀러 작가인 저자는 두 아들의 조현병으로 인해 삶이 송두리째 바뀐다. 이 책에서 그는 혐오와 편견, 낙인으로 뒤덮인 정신질환의 역사와 아픔을 얘기한다. 10년에 걸쳐 쓴, 두 아들을 위한 변론이 심금을 울린다.

 # 정신질환의 역사와 가족의 아픔

굿바이 블랙독 (원제: I Had a Black Dog)

매튜 존스톤 지음 | 채정호 옮김 | 생각속의집 | 2020년

정신건강과 이미지의 힘에 대해 유엔보건기구(WHO)에서 기조연설을 한 저자는 내 안에 있는 우울을 '블랙독'(검은 개)으로 묘사한다. 그림자처럼 끈질기게 쫓아다니는 블랙독을 어떻게 다루어야 할까? 18년 동안 우울증을 숨기고 살았던, 광고카피라이터이자 삽화가인 저자가 우울증을 시각화하여 쓴 심리 그림책이다.

 # 우울 다루기

칼 라르손, 오늘도 행복을 그리는 이유

이소영 지음 | 알에이치코리아(RHK) | 2020년

스웨덴 국민화가이자 이케아(IKEA) 디자인에 영감을 준 화가 칼 라르손은 빈민가에서 태어나 평생 우울과 불면증에 시달리면서도 행복한 가정을 꿈꾸었다. 여덟 명의 자녀를 낳은 그는 장인에게 선물받은 작은 집을 아름답게 가꾸기 시작했고 이 집은 '북유럽 스타일'의 표본이 된다. 아이들과 아내, 온가족의 일상 및 집과 정원의 소소한 풍경을 담은 그림을 통해 평범함과 특별함이 다르지 않다는 사실과 함께 일상에 숨어 있는 작은 행복을 전한다.

 # 고통과 삶의 행복

우울할 땐 뇌 과학 (원제: The Upward Spiral)

앨릭스 코브 지음 | 정지인 옮김 | 심심 | 2018년

우울증은 슬픈 상태나 기분이 저조한 것이 아니다. 텅 빈 느낌이고 희망이 제로인 상태다. 뇌과학자인 저자는 어떻게 하강 나선에서 벗어나 상승 나선의 뇌를 만들 것인지를 뇌과학과 신경생물학을 근거로 설명한다. 이제 뇌과학의 힘으로 불행의 혹성을 탈출한다.

우울과 뇌

내면 소통

김주환 지음 | 인플루엔셜 | 2023년

커뮤니케이션 전문가인 저자가 마음 근력이 약해진 디지털 인류에게 행복한 삶의 방법을 제시한다. 뇌과학의 수많은 논문을 바탕으로 명상을 통해 불안과 통증으로부터 자유하고 몸과 마음이 건강해지는 방법을 제시한다

명상을 통한 불안 치유

난 멀쩡해 도움 따윈 필요 없어! (원제: I'm Not Sick, I Don't Need Help!)

하비어 아마도르 지음 | 최주언 옮김 | 한국심리치료연구소 | 2013년

임상심리치료사이자 뉴욕대 심리학 교수인 저자는 조현병 환자인 형을 통해 얻은 통찰을 통해 LEAP 대화법을 개발했다. 정신질환을 인정하지 않고 치료받기를 거부하는 환자와의 충돌을 줄이고 잘 소통하여 치료의 길로 이끄는 방법을 알려 준다.

급성기 환우와의 대화법

굿바이 스트레스 (원제: Stressless)

매튜 존스톤·마이클 플레이어 지음 | 강유리 옮김 | 생각속의집 | 2021년

스트레스가 우릴 죽이는 것이 아니라 스트레스에 대한 잘못된 반응이 우릴 죽인다. 스트레스와 싸우지 말라! 함께 춤춰라! 예민한 친구를 대하듯 대하라! 이 책

은 스트레스에 대처하는 여러 방법과 함께 스트레스를 완화하는 다양한 방법을 제안한다.

 # 스트레스 관리

인생이 지옥처럼 느껴질 때

(원제: Building a Life Worth Living: A Memoir)

마샤 M. 리네한 지음 | 정미나·박지니 옮김 | Being | 2022년

변증법적 행동치료(DBT, Dialectical Behavior Therapy)의 창시자인 저자가 살 만한 가치가 있는 삶을 만들어 가는 체험적 인생 기술을 알려 준다. DBT는 삶이 지옥처럼 보여 죽음만이 합리적인 대안으로 보이는 사람들을 위해 개발한 최초의 성공적 치료법으로, 경계성 인격장애, 자살 고위험군 치료에 활용한다. 자해, 자살 충동, 자살 시도, 2년간의 폐쇄 병동 독방 감금 등으로부터 생존한 저자 자신의 회고록이기도 하다.

 # 경계성 인격장애 치료법

조울병에 관한 거의 모든 것

바이폴라 포럼 지음 | 시그마북스 | 2021년

정신건강의학과 전문의 37인이 조울병의 정의와 진단, 치료, 가족들의 대처 등에 관해 일반 독자뿐 아니라 의료진까지 염두에 두고 설명하는 책. 다양한 분야에서 조울병을 가진 인물들을 소개하면서, 48개의 '질문-대답'을 통해 궁금증을 풀어 준다.

 # 조울증의 이해와 치료

정신병인가 귀신들림인가?

김진 지음 | 생명의말씀사 | 2006년

정신질환은 영적인 문제인가, 뇌질환인가? 크리스천 정신과 의사인 저자의 책 《정신분열증에 대해 나누고 싶은 이야기》 개정판으로, 교회 안에 여전히 존재하

는 '정신질환과 귀신들림'에 대한 잘못된 생각을 바로 잡고 분별력을 갖게 한다.

정신질환과 교회

필링 굿 (원제: Feeling Good : The New Mood Therapy)

데이비드 번스 지음 | 차익종·이미옥 옮김 | 아름드리미디어 | 2023년

정신건강의학과 전문의인 저자는 자신이 만난 다양한 환자들의 사례와 함께, '우리의 생각이 우리의 감정을 만들어 낸다'는 인지치료 원리를 바탕으로 과학적으로 검증된 심리치료법을 제시한다. 또한 부정적인 감정에서 벗어나기 위해 일상생활에서 실천할 수 있는 명상, 호흡법, 대화법을 소개한다.

우울증 사례와 치료법

우리의 상처는 솔직하다

멘탈헬스코리아 피어 스페셜리스트 팀 지음 | 마음의숲 | 2021년

청소년 정신건강과 자해에 관한 책으로, 청소년들이 겪은 아픔과 우울에 대한 솔직한 경험을 나눈다. 자해 청소년들이 자해 예방 리더가 되어 강의도 하고 글도 썼다.

청소년 자해와 치유

베델의 집 렛츠! 당사자 연구

무카이야치 이쿠요시 지음 | 이진의 옮김 | EM커뮤니티 | 2016년

1984년 일본 홋카이도 지역의 작은 도시 우라카와에 정신장애인 공동체 '베델의 집'을 세운 저자는 정신장애인 당사자 100여 명과 함께 '삶의 고생·고난'에 대해 연구한다. 정신장애를 겪는 당사자들이 스스로 그들 자신의 삶을 '웃고 떠들면서' 함께 연구했다는 점에서 놀라움을 안겨 주는 책.

치유 공동체

나와 나의 가족이 경험한 ADHD

수잔 정 지음 | 군자출판사 | 2020년

주의산만 장애는 여러 합병증을 동반하는데, 60~70%가 주요 우울증을, 20%가 양극성 질환(조울증)을, 75%가 반사회성 인격장애를, 50~60%가 음주 중독자가 된다는 통계가 있다. 미국에서 50여 년간 소아청소년정신과 의사로 일한 저자가 ADHD와 동반해 나타나는 정신과 질환은 무엇이며 어떻게 극복해야 하는지 방법을 알려 준다.

ADHD 및 동반 정신질환

나는 당신이 살았으면 좋겠습니다

안경희 지음 | 새움 | 2018년

조울병으로 '사회적 자살'을 경험한 조울병 의사인 저자가 조울병과 치료, 삶의 이야기를 들려 준다. 약을 왜 먹어야 하는지, 아이를 낳아야 할지, 병을 외부에 알려야 하는지 등의 질문에 답하면서, 무기력과 분노, 우울, 죽음을 생각하는 당신에게 답을 준다.

조울증과 삶

아직도 가야 할 길 (원제: The Road Less Traveled)

M. 스캇 펙 | 최미양 옮김 | 율리시즈 | 2023년

정신의학과 전문의이자 작가인 저자는 문제를 직면하고 해결하는 과정이 고통스럽지만 이 모든 과정 속에 의미가 있다고 강조한다. 훈육, 사랑, 성장과 종교, 은총에 대해 통찰력 있게 얘기하는 이 책은 정신질환을 이해하고 삶의 문제를 다루도록 돕는다.

고통과 삶의 성장

오픈 다이얼로그

다마키 사이토 해설 | 미도리 미즈타니 만화 | 송후림 옮김 | 북앤에듀 | 2022년

정신질환 당사자와 가족, 지인, 의사 등 사회적 네트워크 구성원이 한자리에 모여 자유로운 대화를 통해 치료를 시도하는 치료 방식인 '오픈 다이얼로그' 입문서다. 만화를 통해 알기 쉽게 풀어 놓았다.

 # 오픈 다이얼로그

싸이코 패밀리라도 괜찮아

어느 조울증 가족이 정신질환과 동행하는 법

ⓒ 고직한 김정희 이범진, 2024

1판 1쇄 펴냄 2024년 1월 19일

구술 고직한 김정희
인터뷰 진행·정리 이범진

펴낸이 옥명호
편집 옥명호
디자인 김진성
사진 박혜숙 정민호
제작처 예원프린팅

펴낸곳 잉클링즈
출판등록 2010년 5월 31일 제2021-000073호
주소 03140 서울시 종로구 삼일대로 428. 5층 500-27호 (낙원동. 낙원상가)
전화 02-334-5382 **팩스** 02-747-9847
이메일 inklings2022@gmail.com

ISBN 979-11-975987-4-6 03230